Johann Wilhelm Loebell

Briefe über den Nekrolog Friedrich Christoph Schloffers von

G. G. Gervinus

Johann Wilhelm Loebell

Briefe über den Nekrolog Friedrich Christoph Schloffers von G. G. Gervinus

ISBN/EAN: 9783743684782

Hergestellt in Europa, USA, Kanada, Australien, Japan

Cover: Foto ©ninafisch / pixelio.de

Weitere Bücher finden Sie auf **www.hansebooks.com**

Briefe

über den

Nekrolog Friedrich Christoph Schlossers

von

G. G. Gervinus.

Ein Beitrag zur Charakteristik Schlossers
vom litterarischen Standpunkt.

Chemnitz,
Otto May.
1862.

Briefe

über den

Nekrolog Friedrich Christoph Schlossers

von

G. G. Gervinus.

———

Ein Beitrag zur Charakteristik Schlossers
vom litterarischen Standpunkt.

Chemnitz,
Otto May.
1862.

Erster Brief.

———

Jetzt, meinen Sie, nachdem das prächtige Denkmal, welches Herr Gervinus seinem Lehrer Schlosser gesetzt hat, in den Händen des Publicums ist, würde ich mich wol nicht länger sträuben können, die außerordentliche Größe des gefeierten Geschichtschreibers anzuerkennen. Diese zwingende Gewalt der Schrift auch über ungünstig Gestimmte scheinen Sie darin zu setzen, daß sie die Wahrheit mancher gegen ihn erhobener Einwendungen zugibt, und sein Bild aus diesen Geständnissen dennoch so glänzend hervorgeht.

Wenn ich Ihnen nun sofort sage, daß ich von einer solchen Wirkung auf mich nichts spüre, mich vielmehr als einen Unbekehrten bekennen muß, werden Sie die Gründe dieser Halsstarrigkeit wissen wollen, und dies wird sich mit wenigen Worten nicht thun lassen. Machen Sie sich also immer auf eingehende Erörterungen gefaßt. Ich werde nicht bloß von der Lobrede zu sprechen haben, sondern auch von ihrem Gegenstande, und die Grundlinien einer Charakteristik Schlossers, als historischen Schriftstellers, zu ziehen haben. Die Grundlinien, sage ich, denn zu einer erschöpfenden Beurtheilung würde ein Buch erforderlich sein.

Manches würden Sie mir ersparen, wenn Sie die Schrift selbst gelesen, und sich nicht bloß von Anderen darüber einen Bericht hätten

1 *

abstatten lassen, welcher gar nicht so zuverlässig ist, wie er Ihnen scheint.

Nicht, daß das Bild des Gefeierten aus den Zugeständnissen glänzend hervorgeht, hätten sie Ihnen sagen sollen, diese günstigen Leser, sondern daß die Zugeständnisse gemacht worden sind in der Absicht, das Bild in einem desto helleren Lichte erscheinen zu lassen, einer Absicht, die aus der Schrift selbst auf das deutlichste hervor= leuchtet. O, Herr Gervinus ist ein Sachwalter vom ersten Rang! Keines der feinen Mittel, welche die Meister dieses Faches anwenden, unschuldig Verfolgte zu retten, und die Verurtheilung, die ihnen droht, in einen Triumph zu verwandeln, läßt er unbenutzt. Er versteht sich trefflich auf die Verschönerungs= und Idealisirkunst. Was er selbst zuerst als wesentlichen Mangel bezeichnet, wird allmählich zu einer verzeihlichen, billig zu übersehenden Schwäche, zuletzt sogar zur Tugend. Wo in der Natur nur geringes Licht ist, da verstärkt er es zu blen= dendem Glanze, dunkle Schatten dämpft er zu einem Helldunkel ab. Dem immer für den Augenblick der besten Wirkung aufgesparten Ge= brauche aller dieser Mittel und der wohlberechneten Anwendung anderer kleiner Kunstgriffe zolle ich aufrichtige Bewunderung. Aber sie darf mich nicht abhalten, die Wahrheit zu erspähen, die sich, wenn die glän= zenden Hüllen abgestreift sind, dem unbestochenen Blicke darbietet. Die ganze Schrift ist voll glänzender Antithesen, wie man sie auch in der Geschichte der deutschen Dichtung des Verfassers häufig antrifft, die in tönenden Worten fortrollend betäuben, imponiren und Bewun= derung erregen, dem besonnen Prüfenden aber manche Bedenken erregen.

In der jetzt vorliegenden Lobrede stoße ich gleich anfangs an bei der Geschichte des Beifalls und der Anerkennung Schlossers. „Es war eine Zeit — heißt es — wo Deutschland in diesem Manne die ungeheure Belesenheit, den unermeßlichen Umfang der Gelehrsamkeit und die sichere Beherrschung seines Wissens in ungetheilter Meinung bestaunte; wo es seine freie politische Gesinnung und ihr unbeküm= mertes Bekenntniß, die seltensten Eigenschaften in einem deutschen Stubengelehrten der früheren Jahrzehnde, in höchster Achtung hielt,

wo es seine rücksichtslose Sittenpredigt und Kritik in einer Art stummer
Ehrfurcht dahinnahm." Später aber „sammelte sich in der schreiben=
den Welt eine Gruppe von systematischen Gegnern, die für die An=
griffe, die Härten, die Verletzungen, wol selbst unverdiente Ver=
letzungen, die sie durch Schlosser in seiner langjährigen kritischen
Thätigkeit persönlich und unmittelbar erlitten hatten, feindselige Ver=
geltungen übten. War unter diesen ein Jünger entgegengesetzter Rich=
tungen, so schärfte der ätzende Geist des Schuleifers, der nun, die
Meister der Schule auf den Thron erhebend, das deutsche Volk in
einem blöden und bereits überwundenen Irrthum befangen nannte,
als es Schlosser für einen großen Historiker hielt, und seine Werke
begieriger las, als die der meisten, wenn nicht aller zeitgenössischen
Rivalen. Und wie nun jede neue Meinung einen Schwarm von
urtheilslosen Nachsprechern im Gefolge hat, so bildete sich allerdings
eine ziemlich verbreitete Ansicht in Deutschland, die über Schlosser nicht
mehr wie früher in tiefer Hochachtung spricht, sondern in flacher Ge=
ringschätzung abspricht."

Schlossers Beifall und Ruhm sollen in einer früheren Zeit
seiner litterarischen Laufbahn größer gewesen sein als in der späteren?
Vielleicht in der Vorstellung seiner eifrigsten Schüler; in der Wahr=
heit verhält es sich umgekehrt. Bis 1836, wo der erste Band seiner
„Geschichte des achtzehnten Jahrhunderts und des neunzehnten bis
zum Sturz des französischen Kaiserreichs" erschien, war er nur von
einem verhältnißmäßig kleinen Kreise gefeiert, das größere Publicum
kümmerte sich wenig um ihn, neue Auflagen seiner Bücher waren
noch nicht erschienen. Jenes Werk erst gründete seinen großen Ruf,
der mit jedem Bande und jeder neuen Auflage höher stieg, und sich zu
einem wahren Wettstreit der Bewunderer im Schwingen des Weih=
rauchfasses steigerte. Was hätten da dem Autor, der zu einem so er=
lesenen Liebling der Nation geworden war, die Kritiken und Angriffe
einiger Murrköpfe schaden können? Unter den kurzen, den Werth des
Mannes würdigenden Aeußerungen hat eine, welche seine ganze Art
scharf, prägnant und ohne Umschweife charakterisirt, den Unwillen des
Herrn Gervinus besonders gereizt. Denn sie ist es ohne Zweifel, auf

die er zielt, wenn er vom ätzenden Geist des Schuleifers spricht, welcher
die Meister der Schule auf den Thron erhob, Worte, hinter welchen
sich die Anschuldigung, daß nur Eifersucht die deutlichst bezeichnete
Rankische Schule stacheln können, gegen den großen Mann anzugehen,
schlecht verbirgt. Und nun, liebster Freund, sehen Sie, was aus dem
Anachronismus folgt. Der mit den Kränzen des höchsten nationalen
Beifalls Geschmückte ist nun zugleich in jeder Periode seiner großen
Laufbahn, im Feuer einer schon früh für ihn verbreiteten Begeisterung
wie in seinen späteren Jahren, ein von einer feindseligen Partei un=
verdient Geschmähter und unwürdig Verleumdeter.

Zweiter Brief.

Ein Widerspruch, in den Herr Gervinus verfallen ist, macht den
in meinem vorigen Briefe gerügten Anachronismus noch einleuch=
tender. Er sagt nämlich, Schlosser habe 1817 angefangen, „in seinen
Vorreden und Noten, und später in den Heidelberger Jahrbüchern,
in den Auslassungen seiner wissenschaftlichen Kritik Repressalien zu
üben," Repressalien nämlich für „die gegentheiligen Artikel, worin die
Clienten der in Preußen lange so auffällig beschützten historischen und
philosophischen Schulen ihre Meister auf den Schild erhoben." In
der neulich angeführten Stelle waren es dagegen die Glieder dieser
Schulen, welche für die von Schlosser erlittenen Verletzungen Ver=
geltung übten. Und wenn Schlosser schon 1817 angefangen hat, auf
Angriffe zu antworten, und diese Angegriffenen beschuldigt werden,
das Bestaunen seiner Leistungen vermindert zu haben, so müßte dieses
Staunen schon in seine Frankfurter Periode fallen, wo er doch nicht

nur kein Gegenstand allgemeiner Bewunderung war, sondern auch die Aufmerksamkeit noch sehr wenig auf sich gezogen hatte.

Doch wie dieser Widerspruch zu lösen ist, wird die Sorge des Herrn Gervinus sein. Darin hat er Recht, daß er den Anfang der heftigen Ausfälle Schlosser's auf Andere, auf jede Richtung, die nicht die seine war, in das Jahr 1817 setzt, woraus schon von selbst folgt, daß er nicht der Angegriffene, sondern der Angreifende war. Und so verhält es sich in der That.

Den Charakter dieser kritischen Streifzüge schildert Herr Ger= vinus folgendermaßen. „In unbekümmerter Offenheit plauderte er Alles heraus, was Andere am liebsten verstecken, die kleinsten Em= pfindlichkeiten und die größten Verdrüsse, die Eifersucht auf jede An= erkennung, die ihn vorbeiging, die Herbheiten gegen fremde Beleh= rungen, die bitteren verletzenden Aburtheilungen über jede abweichende Richtung; lauter Züge, die einen Mangel an Selbstbeherrschung, an Duldung und Unbefangenheit zu verrathen, einen Staub auf den hellen Charakter des Mannes zu werfen schienen, den man in Wi= derspruchsgeist und Schmähsucht ganz sich verlieren sah. Und un= leugbar waren dies Auswüchse, die Schlossers eigensten Grundsätzen gradaus zuwider waren. Auch war er dessen wol selber geständig. Er bat in der Vorrede zum zweiten [vielmehr dritten] Theile seines Mittelalters (1821) seinen zu lauten Tadel über die Flachheiten mancher, sonst verdienten Männer ab, inne geworden, daß dies zän= kische Herabsetzen und Verachten leicht Anmaßung im Charakter erzeuge."

Nun, werden Sie hier denken, wenn Schlossers „bittere ver= letzende Aburtheilungen" aus seiner „ausplaudernden Offenheit" stammen, so ist der Tadel allerdings durch eine vorangeschickte schmeichelnde Milderung abgestumpft, doch bleibt noch immer von Mißbilligung und Rüge genug stehen.

Aber hören Sie nur die sich zunächst anschließenden Zeilen, und Sie werden sofort den sophistischen Rhetor, der in einem Athem Zugeständnisse macht und sie wieder zurücknimmt, ver= nehmen.

„Gleichwol waren die großen und starken Züge seiner graden und ganzen Natur in ihm mächtiger als die Gebote der am Ende doch nur conventionellen Pflichten. Denn sicher zählen diese Eigenheiten Schlosser's unter jene Sünden, die von seinen besten Tugenden unzertrennlich sind."

Und wenn es Sünden sind, welche die Tugenden bedingen, sind es gar keine Sünden mehr; jede darüber erhobene Anklage fällt in sich selbst zusammen. Und weil es so ist, werden die von Schlosser verletzten Pflichten zu bloß conventionellen. Ich bitte Sie zu bemerken, daß diese kühne Logik nicht die meine ist.

Kurz, die Mißbilligung ist in Rauch aufgegangen und die ganze Einräumung eine Spiegelfechterei.

„Selbst seinen Dante — fährt Herr Gervinus fort — selbst diesen enthusiastisch bewunderten Meister hat er über die Schulgrillen seiner spitzfindigen Deuteleien des eigenen Werks sehr unsanft angelassen: wie sollte man von solch einem Diener der Wahrheit Rücksicht verlangen gegen die Katheberweisen seiner Zeit, oder gar gegen litterarische Gegner von unversöhnlicher Feindschaft."

Gegner von unversöhnlicher Feindschaft? Wer sind diese Gegner? Und welche vergeblich gebliebenen Versuche Schlossers, sie zu versöhnen, geben Herrn Gervinus das Recht, sie unversöhnliche zu nennen?

Ist etwa die „Abbitte" in jener Vorrede ein solcher Versuch? So könnte es scheinen, wenn man sich bei dem Zeugnisse des Lobredners beruhigt. Wenn man aber die Vorrede selbst aufschlägt, wird die Sache erst recht schlimm. „Es thut mir sehr leid — sagt Schlosser dort — daß meine Lebhaftigkeit über manche Bestrebungen der Zeit in einem zu lauten Tadel ausgebrochen ist, so wie ich über manche Flachheiten von Männern, deren Verdienst das große Publicum billig sehr hoch ehrt, welche auch durch Verbreitung einer, wenn auch nur aus Registern und geschickter Benutzung fremder Citate geschöpften Gelehrsamkeit, große Bedeutung für dasselbe haben, besser geschwiegen hätte." Ist das eine Abbitte? Eine Verspottung ist es sowol der Autoren als des Publicums.

„Man würde sich übrigens selbst ungerechter Schmähsucht schuldig machen — fährt Herr Gervinus fort — wenn man annehmen wollte, daß vor Schlosser's Tadelsucht gar nichts hätte bestehen können, oder daß sie überall und immer nur der Ausfluß von Uebellaune und Galle gewesen wäre. Von ganzen Reihen zeit= und landsgenössischer Geschichtschreiber, die er auf dem Wege ernster, selbstvergessener, wahrheitsgetreuer Forschung und ehrlicher, wahrhaftiger Bestrebung sah, urtheilte er, weit entfernt von jeder kleinlichen Eifersucht, in stets gleicher Achtung und Ehrfurcht. Dahin gehören die Mascov, Möser, Planck, Wilken, Rehm, vor Allen Spittler, sein Lehrer in Göttingen." Wenn wir die zwei Verstorbenen, einen Kirchenhistoriker und den Göttinger Lehrer abrechnen, bleibt wirklich die große Zahl von zweien übrig, über welche Schlosser entfernt von kleinlicher Eifersucht urtheilte. Und von Rehm, dem ledernsten aller deutschen Historiker, soll Schlosser mit Achtung und Ehrfurcht gesprochen haben? Hier ist es Herr Gervinus, welcher seiner Leser offenbar spottet.

Dritter Brief.

Wenn Schlossers litterarische Sünden von seinen besten Tugenden unzertrennlich sind, müssen die letzteren doch in dem beide umschließenden Gewebe entdeckt werden können. Und da wäre ich doch begierig zu wissen, welche Tugenden in der Recension von Otfried Müllers Doriern stecken.

Es ist wahr, Schlosser hat sich wol kaum ein anderes mal litterarisch so vergangen, wie an diesem Buche und seinem Verfaſſer. Aber daß er es ſo zu thun vermocht hat, wie in dieſem Falle, iſt von der wiſſenſchaftlichen wie von der moraliſchen Seite höchſt bezeichnend für den Mann. Müller hat die dagegen gerichtete An= titritit in gerechter Entrüſtung, aber in teiner glücklichen Stimmung geſchrieben. Wäre er bei kälterem Blute geweſen, ſo wäre ſie einſchneidender und wirkſamer ausgefallen. Ich würde ſagen ver= nichtend, wenn damals die Zeit nicht ſchon da geweſen wäre, wo man ſich in Deutſchland Alles erlauben durfte, ohne von dem Namen, den man ſich einmal gemacht hatte, etwas einzubüßen.

Herr Gervinus hat keine ſtärkere Bezeichnung für die von Schloſſer ausgegangenen Angriffe, als die ſchon angeführte, daß ſie „wol ſelbſt unverdiente Verletzungen" enthalten haben. Darunter kann jene Recenſion nicht begriffen ſein, der Euphemismus wäre gar zu ſtark. Er muß ſie vergeſſen haben, was freilich einem Litterarhi= ſtoriker, wie er es iſt, nicht begegnen ſollte. Sie, liebſter Freund, haben Sie ſchwerlich je geleſen, daher ich näher darauf eingehen·muß.

Das Buch aber, welches ihr Gegenſtand iſt, das, weiß ich, ken= nen Sie genau. Ich erinnere mich unſerer Geſpräche darüber ſehr wohl; unſere Meinungen ſtimmten ganz überein. Wir begegneten uns in dem Urtheile, daß das Werk ſo manche allzukühne Hypothe= ſen, mißliche Auslegungen und einſeitig auf die Spitze getriebene Be= hauptungen enthält, und ſehr nachläſſig geſchrieben iſt; daß aber dieſe Mängel mehr als aufgewogen ſind durch ſeine glänzenden Eigen= ſchaften, durch die lebendige, das Entlegenſte beherrſchende Gelehr= ſamkeit, den großen Scharfſinn, die geniale Auffaſſung, die höchſt fruchtbare Anwendung der kritiſchen Grundſätze Niebuhrs auf die altgriechiſche Geſchichte, durch die glückliche hiſtoriſche und dem Euhemerismus entgegengeſetzte Deutung der Mythen; und daß das Werk, ſelbſt wenn von ſeinen Reſultaten weniger ſtehen bleiben ſollte, als jetzt zu erwarten iſt, immer einen bedeutenden Platz unter den durch ſeine kritiſche Methode erweckenden und anregenden behaupten wird.

Schloſſer aber weiß an dem Buche nur zu loben, was man etwa an der Arbeit eines holländiſchen Philologen des ſiebzehnten

Jahrhunderts rühmen würde; es enthalte eine Menge der brauchbar=
sten Materialien und nützlichsten Notizen. Sonst sieht er nur die
Schattenseite. Mehrere Uebereilungen Müllers deckt er vollkommen
richtig auf, er zeigt die Unhaltbarkeit einiger dieser übereilten Schlüsse.
Vom Wesen und Kern der Leistung und ihren systematisch zusammen=
hängenden Resultaten ist aber nirgends die Rede. Für die Wege,
welche Müller gegangen ist, hat er nicht das mindeste Verständniß.
Man muß ihm die Fähigkeit, ein auf solche Untersuchungen gebautes
Buch zu beurtheilen, vollkommen absprechen. Herr Gervinus spricht
einmal von „der Entschiedenheit, mit der Schlosser in der reinen Ge=
schichtschreibung alle Ostentation mit Neben= und Hülfswissenschaften,
vor allem aber mit aller abgelegenen antiquarischen, archäologischen
und mythologischen Weisheit verpönte.“ — Wenn es nur die Osten=
tation gewesen wäre, die er strafte: wer könnte etwas dawider ha=
ben? Aber der verächtliche Ton, mit welchem der Lobredner von der
ganzen Richtung spricht, zeigt, daß es nicht bloß dem prahlerischen
Auskramen solcher Forschungen gilt, sondern den Forschungen selbst.
Sie waren dem großen literarischen Richter herzlich zuwider, weil er
das Bewußtsein hatte, sich nicht im mindesten darauf zu verstehen.
Auch dagegen ist an sich nichts zu erinnern. Nicht Alle können Alles.
Räthselhaft bleibt nur Schlossers Voraussetzung, man vermöge in
den Geist des classischen Alterthums einzudringen, ohne sich vermit=
telst der verachteten Untersuchungen eine Brücke zu schlagen aus der
vorhistorischen Zeit in die historische.

Besonders zuwider ist dem Kritiker, daß Müller die der ge=
schichtlichen Entwickelung zu Grunde liegenden Ideen zu finden und
anschaulich zu machen strebt. Bis zu welchem Grade diese Ideenscheu
geht, davon nur Ein Beispiel. Müller sagt von der dorischen Säu=
lenordnung: „Sie erweckt das Gefühl einfacher Größe, ohne daß sie
monoton und ermüdend erschiene: es spricht sich in dieser Kunstschö=
pfung der dem Stamm eigene Sinn für strengeres Gesetz, einfaches
Maß, reine Uebereinstimmung aus.“ Diese einfache Bemerkung,
welche nur beabsichtigt, den Charakter des dorischen Stammes auch
in den Formen seiner Baukunst in leicht faßlicher Art nachzuweisen,

nennt Schlosser Metaphhsik über die dorische Baukunst ausgießen; er getraue sich, auf diese Weise sich noch ganz anders über das Heidel= berger Schloß prophetisch vernehmen zu lassen. Als ob es Thor= heit wäre, von der Architektur des Heidelberger Schlosses auf das in diesem Baustil liegende Princip zu schließen, und nach der Ueberein= stimmung dieses Princips mit dem Culturgeiste der ganzen Zeit zu forschen. Schade, daß Schlosser sich nie über das große Werk Schnaase's hat vernehmen lassen. Es müßte nach ihm ein eitles grundloses Unternehmen sein. So stellen die Waffen, mit denen er ficht, ihn selber bloß. Es sind Geschosse, die auf den Angreifer zurückprallen.

Aber das ist nur erst die objectiv=wissenschaftliche Seite der Re= cension, noch bezeichnender für die Motive dieser unruhigen Thätig= keit ist die subjectiv=moralische.

Müller klagt mit vollem Rechte, daß sich darin „eine Bitterkeit des Gemüths, eine Gehässigkeit des Urtheils offenbart, welche allen gesunden Sinn verdirbt, und den Recensenten oft mit Phantomen kämpfen und wüthende Streiche in die Luft thun läßt." — In dieser leidenschaftlichen Animosität, welche gierig nach Stoff zu Vorwürfen späht, liest der Kritiker denn auch in dem Buche Dinge, die nicht da= rin stehen. So schilt er den Verfasser heftig, weil er dem „Edelsten, Aeltesten und Wahrsten der Griechen, dem Vater der Geschichte," Herodot vorgeworfen, daß er den edlen Rost der Tradition abgerieben habe. Das wäre nun nicht nur eine völlig unbegründete, unverzeih= liche Mißhandlung Herodots, sondern auch ein Widersinn. Müller hat das aber gar nicht von Herodot, sondern von Ephorus, Her= mippus und ihren Nachfolgern gesagt, und da er es ausdrücklich der deutlich bezeichneten, von Herodots Absichten himmelweit verschie= benen Tendenz zuschreibt, so sollte man meinen, einem Unbefangenen mit gesunden Augen hätte die Verwechselung ganz unmöglich sein müssen.

Wie es sich aber auch mit der Entstehung dieses Blendwerks verhalten haben mag, weder in ihm, noch in andern ungerechten Vor= würfen, noch in der eifrigen Herabwürdigung der Methode und der

Absichten des Werkes steckt das Schlimmste der Recension. In den Einleitungsworten ist es zu suchen. Ueber den ersten Band der hellenischen Geschichten — sagt Schlosser dort — habe er sich nicht vernehmen lassen, theils weil er damals mit dem Recensiren nichts mehr zu thun haben wollte, theils weil er dachte, es bedarf so etwas für einen angehenden Gelehrten in Deutschland. „Unerhörtes muß ein junger Mann vorbringen; mundus vult decipi! Der Mann braucht Ruhm, um durch Ruhm Ehre, durch Ehre Geld zu erhalten."

Ist es möglich, Ehrenrührigeres gegen einen Schriftsteller vorvorzubringen, wenn man ihm nicht gemeine Verbrechen zur Last legen kann? Oder ist es nur eine „wol selbst unverdiente Verletzung"?

„Jetzt, fährt der Rec. fort, ist dem anders. Herr Müller hat, was er wünschen konnte, jetzt wäre schweigen oder anders reden als er denkt, für den Rec. gleich; das Eine wäre feige, das Andere niederträchtig."

Wie glücklich, daß Schlosser bei Gelegenheit dieser unerläßlichen Pflichterfüllung nur nachholt, was er bei der Erscheinung des ersten Bandes über die Absicht durch Aufsehen Geld zu gewinnen, gedacht hat! Denn wenn er diese Beschuldigung damals in einer Beurtheilung ausgesprochen hätte, und sie mit dem Buche in der Hand nicht würde haben beweisen können, so würde es — nun ich brauche Ihnen die Ausdrücke nicht herzusetzen, mit welchen Lessing die Classe von Leuten bezeichnet, zu welchen der Kunstrichter herabsinkt, welcher verräth, daß er von seinem Autor mehr weiß, als ihm die Schriften desselben sagen können. Hat Schlosser aber wirklich geglaubt, ein Buch wie Orchemonos und die Minyer könne nur in jener gemeinen, gewinnsüchtigen Absicht geschrieben sein — zu welchen Schlüssen über seine Unfähigkeit, die Zwecke eines kritischen Forschers nur ganz im allgemeinen zu begreifen, würde dies nicht berechtigen!

Indeß trat er doch gegen Müller offen und in der besten Rüstung, die ihm überhaupt zu Gebote stand, auf. Dieser Ehre würdigte er die Geschichte der Hohenstaufen von Raumer, die auch seinen vollen Unwillen erregt hatte, nicht. Seine Meinung von diesem Werke war, daß es auf einer Linie mit Fouqué's Ritterromanen stehe, d. h.

es sei ein alles Studiums und aller Forschung baares leichtsinniges Erzeugniß der Willkür und Phantasie. War es da nun nicht für einen Mann, der zur Belehrung und Warnung der Deutschen so viel recensirte, der weder schweigen durfte, noch anders reden als er dachte, war es da für einen solchen nicht etwa bloß eine „conventionelle", sondern eine wirkliche, ernste Pflicht seine Meinung vor den Ohren Deutschlands offen vorzutragen, mit Beweisen zu erhärten, um die= jenigen Landsleute, die in dem Werke etwas anderes suchten, zu ent= täuschen? Statt dessen warf er die schwere Anschuldigung in einer englischen bei uns wenig bekannten Zeitschrift mit wenigen Worten hin ohne alle Begründung. So blieb sie hübsch in halber Verborgen= heit; sie konnte ihre Wirkung thun ohne ernstliche Verantwortung des Urhebers.

Warum Schlosser aber gerade bei diesem Werke so seltsam Ver= steckens spielt, und gerade England zum Schauplatz davon machte? Ich weiß es nicht und unterdrücke den sich leicht regenden Verdacht. Aber das weiß ich, daß man einem Mann, der so handelt, nicht die „Geradheit und Wahrheit", nicht den „makellosen Charakter" zu= schreiben darf, welche Herr Gervinus an ihm rühmt.

Sollte man aber was so lange her, daß es nur in dem Gedächt= niß der Wenigsten noch lebt, nicht lieber mit Schweigen bedecken? Vielleicht könnte man es, aber das laute Getön der Lobreden läßt es nicht zu. Zu ihrem Text gehören Illustrationen, und er fordert sie heraus. Freilich ist es viel lustiger, solche Apologien zu schreiben, als an fatale alte Geschichten erinnert zu werden.

Vierter Brief.

In meinem letzten Schreiben hatte ich zu erwähnen vergessen, daß Herr Gervinus über die „abgelegene", von Schlosser „verpönte", Weisheit sich noch weiter ausläßt. „Es war — sagt er — nicht Grille und Eigensinn, sondern wohlerwogenes Princip, daß er die Erforschung der Ur= und Vor= und Mythen= und Göttergeschichte aus der strengen Historie in die Vorschule schob. Ihm war das nicht die Aufgabe des Historikers, sich in dem Chaos der Vorwelt, den Sümpfen der Barbaren und den Wäldern der Brahminen umzu= treiben, sondern in den angebauten sonnigen Gegenden der Geschichte das Licht zu suchen, wo es ist. Er konnte daher die folgenreiche Kritik eines Niebuhr, die philologische Mosaik eines Otfried Müller an ihrem Orte ehren und achten, aber es ward ihm zu viel, als er zu erleben glaubte, daß die Divination zweifelhafter Ergebnisse aus Mythen, Alterthümern und Inschriften die klare helle Geschichte ver= drängte, als sich die kritische Mikrologie so breit machte, daß die Hi= storie wie zu einem Beiwerke der Philologie herabzusinken schien."

Wie wohl gewählt, wie inhaltsschwanger ist hier wieder jeder Ausdruck! Müllers philologische Mosaik! Konnte sich Herr Ger= vinus kürzer und entschiedener zu der Ansicht seines Meisters be= kennen, daß Müllers Verdienst nur in einem für die Geschichte werthlosen Zusammenlesen antiquarischer Steinchen bestehe? Den= noch konnte Schlosser eine solche Arbeit „ehren und achten," aber freilich nur „an ihrem Orte." In welcher Weise er übrigens ihren Urheber geehrt und geachtet hat, habe ich Ihnen mit seinen eigenen Worten gezeigt.

Doch dies im Vorbeigehen. Im allgemeinen kann ich die ge= schilderte Stimmung und Richtung eines Geschichtsforschers allen Ernstes achten und ehren. Ich wünsche aufrichtig, daß manche unsrer jungen Historiker sich entschlössen, die immer wieder von neuem be=

trachteten und immer wieder anders gewendeten und anders gedeute-
ten Urzustände fahren zu lassen, und, wie es Goethe in Bezug auf ge-
wisse Versexercitien sagt, statt zu leimen, aus frischem Holze zu schnei-
ben. Aber ich muß auch meine neulich schon gemachte Erinnerung
wiederholen. Schlimm für den Schüler einer höheren Ordnung,
wenn er in der Vorschule sein Pensum nicht ordentlich gelernt hat!
Man muß sich und Anderen klar machen, ob aus den Forschungen
über das graue Alterthum in die Arbeit auf den lichten Feldern viel
oder wenig oder gar nichts herüberzunehmen sei, und im letztern Falle,
wie man es anderweitig zu ersetzen denke. Oder — man muß ganz
darauf verzichten, das Alterthum zu behandeln.

Zu einem solchen Verzicht hat sich Schlosser nicht entschließen
können. Er hat das Alterthum bekanntlich zwei Mal dargestellt und
mit der erwähnten Forderung, die sich ihm wahrlich aufdrängen mußte,
in einigem Betracht sich dadurch abzufinden geglaubt, daß er die
Kenntniß anderer Werke voraussetzt.

Diese Voraussetzung macht Herr Gervinus zu einer allgemeinen
und löblichen Eigenthümlichkeit der Schlosser'schen Methode. „Die
Nothwendigkeit einer Ergänzung seiner Schriften aus anderen ver-
wandten Darstellungen — heißt es — war von ihm oft und immer
wieder laut und deutlich eingestanden. In allen seinen Werken ließ
er, was Andere genügend behandelt hatten, am liebsten bei Seite liegen. Seine bilderstürmenden Kaiser wollte er anfangs geradezu so
anlegen, daß man Gibbon immer zur Seite haben müsse. Selbst in
der formgerechten Universalgeschichte wollte er sich über bekanntere
Dinge mit Andeutungen begnügen; in der römischen Geschichte setzte
er Niebuhr, in der Geschichte der Kreuzzüge Wilken, um nicht bereits
aufgetragene Gerichte noch ein mal anzurichten, überall voraus. Für
Leser, die keine Bücher zur Hand hätten, sollten die seinigen ein für
allemal nicht geschrieben sein.“

Ein rechter Koch wird allerdings Schüsseln, die Andere bereitet
haben, nicht nochmals anrichten. Wenn aber die Gäste darauf an-
gewiesen sind, werden sie zum Ganzen des Mahles passen müssen,
oder man wird das Vornehmthun des Kochs für einen Deckmantel

seiner Bequemlichkeit oder der Unvollkommenheit seiner Kunst
erklären.

So verhält es sich hier. Schlosser hat sich nur auf Andere be=
rufen, wenn es ihm bequem war, und besonders, wenn auf dem
Felde, zu dessen Anbau er Andere zu Hülfe rief, Dornen wuchsen, die
ihn belästigten. Aber nur sehr inconsequent und halb hat er diese
Methode anwenden können, weil sie zu der Bestimmung seiner Werke
schlecht paßte.

Denn an ihrer rechten Stelle kann sie nur sein in ganz gelehr=
ten, nur für Gelehrte, bei denen man die Kenntniß alles bisher Ge=
leisteten voraussetzen darf, geschriebenen Werken. Durchaus verkehrt
aber ist sie in der Gattung, zu welcher Schlossers universalhistorische
Uebersicht der alten Geschichte gehört. Wenn sich bei diesem Werke der
Verfasser überhaupt ein deutliches Bild von den Lesern, für die er es
schrieb, gemacht hat, so kann es nur das eines gewissen mittlern Durch=
schnitts denkender und höher gebildeter gewesen sein, aber nicht gelehrter,
mit dem Gegenstande schon ganz vertrauter, die nur wissen wollen, was
der Verfasser Neues zu sagen hat. Hätte er für die letzteren geschrie=
ben, so würde er nicht nur weit über die Hälfte des Ganzen haben
über Bord werfen, sondern auch dem Reste eine ganz andere Gestalt
geben müssen. Bei den Lesern aber, wie Herr Gervinus sie bezeichnet,
bei solchen nämlich, die Bücher zur Hand haben, kann man gar nichts
Bestimmtes denken. Welche Bücher, wie die Leser sie zu gebrauchen
wissen, und wie weit der Verfasser eine Kenntniß derselben voraus=
setzt, die ihm Wiederholungen des von Andern Gegebenen erspart —
wie verschieden, kann das nicht gefaßt und bestimmt werden! Wenn
ich z. B. an ungelehrte Leser denke, welche mit Uebersetzungen des
Herodot, des Livius und anderer alten Geschichtschreiber vertraut sind,
wie Vieles würde da Schlosser haben weglassen können, und diese
Leser würden keinen schlechten Tausch gemacht haben.

Fünfter Brief.

Wenn ich nur an den ausdrücklich genannten Niebuhr gedacht hätte, meinen Sie, würde ich die Frage am Schlusse meines Vorigen nach der Art der vorauszusetzenden Bücher gar nicht haben aufwerfen können.

Aber gerade die Erwähnung Niebuhrs ist es, welche mich recht in Verwirrung stürzt und mir das Verständniß abschneidet, um so mehr, da es Schlosser selbst ist, welcher auf die Bekanntschaft seiner Leser mit diesem Autor dringt und das entschiedenste Gewicht darauf legt.

Er thut es in der Vorrede zur ersten Abtheilung des zweiten Theils und in verschiedenen Anmerkungen dieses Bandes. Die Kenntniß der Untersuchungen Niebuhrs, sagt er, setze er voraus, und habe darum die früheren Perioden der römischen Geschichte nur sehr kurz behandelt, weil er ein allgemein bekanntes Buch nicht gern habe ausschreiben wollen.

Es wird aber kaum eine mißlichere Anforderung an die beschriebene Gattung von Lesern geben können als diese. Ein Anderes ist es, jenen Autor gelesen, ein anderes, ihn gehörig verstanden, von seinen Resultaten und Vorstellungen eine klare und bestimmte Anschauung gewonnen zu haben. Denn dieses letztere ist unerläßlich, um sie in eine andere Darstellung, in der sie sich fortsetzen müssen, einfügen zu können. Herr Gervinus muß das gar nicht bedacht haben, als er jene Worte so triumphirend niederschrieb. Auch heißt Niebuhr verstehen gar nicht ihn allein verstehen. Ihn voraussetzen ist zugleich das voraussetzen, was er auf seinem Standpunkt als bekannt annahm, d. h. so ziemlich Alles, was vor ihm über die römische Geschichte geglaubt und gezweifelt worden ist. Und dem sollen Leser gewachsen sein, die nur eben nicht solche sind, die keine Bücher zur Hand haben? Ueberdies waren, kurz ehe Schlosser die genannte Vorrede schrieb, die zweite und die dritte Ausgabe des ersten Niebuhrschen Bandes erschienen mit höchst bedeutenden Abweichungen von der ersten. Je aufmerksamer und sorgfältiger nun ein Schlosserscher Leser war, je weniger konnte er sich bei jener in möglichster Unbestimmtheit aus= gesprochenen Bedingung der zu machenden Vorbekanntschaft beruhi= gen. Welches Niebuhrs Bekanntschaft meint denn der Autor? mußte er fragen.

Aber das sind noch lange nicht alle hier hervortretenden schwie= rigen Fragen, und was das achtbare Publicum, welches sich dem Schlosserschen Werke vertrauensvoll naht, um Belehrung zu em= pfangen, verlangt, ist eben eine Anweisung, jene Fragen zu lösen, oder doch genau zu verstehen. Es will wenigstens im Allgemeinen orientirt sein über die Verschiedenheit der Wege, die man sonst einge= schlagen hat und die man jetzt wandelt, und der Ausblicke, zu denen man auf den einen und auf den andern gelangt. Mit einem Wechsel, auf einen Andern ausgestellt, welcher der Himmel weiß in welcher Münze zahlen wird, kann sich dies Publicum nicht für befriedigt halten.

Vielleicht hat aber Schlosser seinen Lesern die nicht leichte Nie= buhrsche Kost nur hingeschoben, damit sie ihre geistigen Verdauungs= werkzeuge daran üben, und er sie desto vorbereiteter empfange. Dann bliebe übrig, seine eigene Stellung in der Mitte dieser wichtigen Pro= bleme kennen zu lernen. Die Ausdrücke des Herrn Gervinus: „er konnte die Kritik eines Niebuhr an ihrem Orte ehren", und wie= der: „es ward ihm zu viel" — sind doch gar zu locker und lose, als daß sich etwas Bestimmtes dabei denken ließe. Indeß hat Schlosser ja die älteste römische Geschichte in dem angeführten Bande der univer= salhistorischen Uebersicht erzählt, und wie kurz es auch geschehen sein mag, die gesuchten Principien müssen sich darin erkennen lassen. Hier wird sich sein Verhältniß zu Niebuhr zeigen müssen, ob er seiner For= schungsart und seinen Resultaten ganz beipflichtet, wie z. B. der ihn unbedingt und begeistert verehrende Engländer Arnold, oder, wie manche deutsche Gelehrte, die Principien zugibt, aber in den Er= gebnissen vielfach von ihm abweicht. Aber auch hier suchen wir vergeblich. Auch hier kommen wir zu keinem bestimmten Begriff von

2 *

der Stellung, welche Schlosser zur Niebuhrschen Kritik einnimmt, weil er — eben gar keine eingenommen hat.

Lesen Sie einmal aufmerksam die zwanzig Seiten, auf welchen er die Geschichte Roms unter den Königen behandelt, und Sie werden mir zugestehen, daß ich nicht zu viel sage. Zwar verkündet er, daß er dem Livius durch das Einzelne nicht folgen dürfe, sondern versuchen müsse, für den Zusammenhang des Ganzen hie und da die leitenden Punkte zu finden, aber wir entdecken diesen Zusammenhang weder in den von ihm erzählten Thatsachen, noch in seinen Gedanken. Man müsse, sagt er, um die Entstehung und die Entwickelung der ältesten Verfassung chronologisch zu ordnen und deutlich zu übersehen, die Namen, die Hauptthatsachen, sogar die Regierungsjahre der Könige als historisch gelten lassen, was so antiniebuhrisch als möglich, eine Art von Gerlach vor Gerlach ist. Und diesen Ausspruch hat er sofort dermaßen wieder vergessen, daß er schon auf der folgenden Seite aus der höchsten Unsicherheit der ganzen Geschichte bis auf den gallischen Brand den Schluß zieht, Alles, was wir aus der Sagengeschichte der frühern Zeit schließen, habe nichts für sich, als daß die spätere Zeit die Sache so angesehen hat. Er erklärt, daß er die bekannte Erzäh= lung nicht in seinen Vortrag aufnehmen wolle, und gibt sie doch Schritt vor Schritt, bald mit bald ohne Detail wieder, hier und da von zweifelnden Bemerkungen, die auf kein den Urtheilen zu Grunde liegendes Princip zurückweisen, unterbrochen. Kurz, die ganze Erzäh= lung schwankt unsicher zwischen Glauben und Zweifel, zwischen Un= kritik und Versuchen, kritisch zu sein, sie ist kahl, stumpf und leblos, wie es auch gar nicht anders sein kann, wenn dem Schriftsteller jeder leitende Gedanke fehlt.

Wol muß ich Herrn Gervinus zugestehen, daß die Leser der Schlosserschen Werke andere Bücher nicht entbehren können, aber in einem Sinne, der von dem seinigen sehr verschieden ist.

Nicht die Scheu vor dem Ausschreiben ist es, welche Schlosser dahin bringt, auf Niebuhrs kritische Forschungen zu verweisen und den Wißbegierigen die Mühe des Verständnisses zu überlassen, son= dern die Scheu vor der Geistesarbeit, in sie einzudringen, sie zu prü=

fen, und entweder ihre Ergebniffe, oder eine felbftthätig erzeugte Modification derfelben, oder das mit neuen Gründen geftützte und gekräftigte Alte, als ein unerlaßlich nothwendiges organifches Glied in die zufammenhängende Kette feiner Darftellung aufzunehmen.

Sechster Brief.

Schloffer, fagen Sie, habe fich doch nun einmal in die jetzt herr= fchende Art, das höhere Alterthum zu erforfchen, nicht finden können, da dürfe man es denn auch bei einer Vergleichung feiner Methode mit der Niebuhrfchen fo genau nicht nehmen. Anders aber ftehe es mit dem Verhältniß feiner Gefchichtfchreibung zur Rankifchen, da beide das helle hiftorifche Gebiet zum Gegenftande haben. Hier feien Sie auf Herrn Gervinus begierig.

Er läßt auch nicht lange auf fich warten. Unmittelbar an die Abneigung feines Meifters gegen die leidige philologifch=fritifche Mi= trologie knüpft er die von Ihnen erharrte Vergleichung, ein wahres Prachtftück, das folgendermaßen beginnt:

„Und ähnlich verneinend verhielt fich Schloffer der diplomatifchen und archivalifchen Gefchichtfchreibung der Rankifchen Schule gegen= über. Es gibt für die Vielfeitigkeit des deutfchen Geiftes weniges Charakteriftichere, als wie diefe beiden gegenfätzlichen Auffaffungs= weifen von Beruf und Behandlungsweife der Gefchichte dicht neben einander entftanden und ausgebildet find, fich fchroff einander aus= fchließen und doch einander ergänzend decken, weil jeder das fehlt, was die andere hat, und jede das hat, was der anderen fehlt. Beide Me= thoden find wefentlich fritifcher Natur und ähnlich fragmentarifcher Art. Das Vorausfetzen der Vergleichung anderer Bücher ift ihnen beiden eigen, da beide nicht wiederholen mögen, was unzählige Male erzählt ward. Die eine, die die historische Malerei in aller umfäng= lichen Breite ergreift, und in einer trockenen, annalistischen Darstel= lung, aber von allen Seiten beleuchtend vorführt, zerstückelt doch das Ganze der Geschichte durch ungleiche, form= und kunstlose Behandlung leicht wieder wie in Bruchstücke; die andere, die mehr nur einzelne Momente auswählend aus einzelnen Gesichtspunkten darstellt und in formgefälliger Memoirenmanier pragmatisch ausfeilt, sucht umgekehrt aus Bruchstücken zusammenhängende Ganze zu bilden; die eine er= gänzt die vorhandenen Geschichtswerke gleichsam aus übersehenen Stellen bekannter Quellen, die andere aus noch nicht gesehenen Ur= kunden.“

Recht kunstvolle Antithesen, die allerdings schon seltsame Haken haben, aber doch sehr billig lauten. Die beiden Auffassungsweisen ergänzen sich gegenseitig. Kann man von dem Lobredner des Urhebers und Repräsentanten der einen mehr erwarten?

Wiederum liegt aber diese Billigkeit nur in dem gelinde und milde beginnenden Anfang.

Amphora coepit
Institui: currente rota cur urceus exit?

Am Schluß hat die Parallele ein durchaus anderes Angesicht bekommen.

Aber ehe ich weiter gehe, muß ich meine eigene Meinung über die Rankische Historiographie, in wenige Worte zusammengedrängt, der des Herrn Gervinus gegenüberstellen, obschon ich Ihnen damit schwerlich etwas Neues sage. Aber ich erinnere mich nicht, daß dieser Gegenstand unter uns anders zur Rede gekommen ist, als ganz bei= läufig und fragmentarisch.

Ranke wird immer schon darum als einer der hervorragendsten Geschichtschreiber betrachtet werden, weil er ein ganz origineller Autor ist, aber kein einsamer, sondern zugleich der Urheber einer neuen Form und Art, die wiederum verschiedene lebensvolle Gestaltungen aus sich erzeugt hat. Wenn er die Methode, den Werth der Nachrichten aus dem Werthe der sie überliefernden Quellen und diesen aus ihrem all=

gemeinen Charakter sowol als aus ihrer Zerlegung in ihre Urbestand-
theile zu erkennen, von Niebuhr überkommen hat; so hat er sie doch,
noch viel fruchtbarer als Otfried Müller auf die griechische, zuerst auf
die moderne Geschichte angewandt. Eine Fülle von Aufschlüssen, aus
Fundgruben, die kaum angebrochen waren, geschöpft, kommt seinem
in das Innere bringenden Blicke und seinem Scharfsinn zu Hülfe.
Ein oft überraschend neues Licht fällt auf große Gruppen von Er-
eignissen, auf ihre Beziehungen zu einander, auf die Motive der handelnden Personen. Die Charakterbilder heben sich weit schärfer und
individueller hervor. Von ganz eigenthümlicher Art ist die stete Ver-
schmelzung der Thatsache mit der Betrachtung, so daß der Begebenheit nie der Gedanke, dem Gedanken nie eine bestimmte Realität fehlt,
und die das Zeitalter treibenden Ideen von selbst anschaulich hervortreten. Durch die nicht minder als die Darstellung eigene, lebendige,
drastische Schreibart wird die Aufmerksamkeit des Lesers auf den re-
flectirenden Theil des Vortrags noch mehr gelenkt.

Die Schattenseite der Geschichtschreibung Ranke's steht mit diesen
ihren glänzenden Eigenschaften in unverkennbarem Zusammenhang,
aber nicht in einem so nothwendigen und untrennbaren, wie Herr
Gervinus ihn bei der Schlosser'schen annimmt, wonach ihre Gebrechen
sogar als Tugenden erscheinen. Sondern ich glaube, daß die Fehler,
die man Ranke vorwerfen kann, gar nicht so in seiner Natur und
Eigenthümlichkeit wurzeln, daß er sie nicht hätte, ich will nicht sagen
ganz vermeiden, aber doch bedeutend ermäßigen können. Es leuchtet
dies schon dadurch ein, daß die Schule, wenn sie auch in mancher
glänzenden Eigenschaft, in dem originellen Schwunge, dem Meister
nachsteht, sich von den Fehlern, die ich jetzt bezeichnen will, reiner
erhalten hat.

Parteiische Vorliebe für seine Entdeckungen führt Ranke oft dazu, seine Bausteine möglichst aus ihnen allein zu nehmen und das
schon Bekannte zu vernachlässigen. Vermöge der Neigung zur gedanken-
vollen Durchdringung der Thatsachen mit den Betrachtungen des Ver-
standes löst er die Ereignisse oft ganz in ihre Resultate auf, und beschränkt die lebendige Erzählung, den eigentlichen, ursprünglichen Beruf

der Geschichte, auf Handlungen und Situationen, welche jene Ge=
danken am besten abspiegeln. Er versenkt sich — und dies ist beson=
ders in seinen letzten großen Werken der Fall — so in die Anschau=
ungen, Gemüthszustände und Neigungen hervorragender Persönlich=
keiten, daß schmähliche von ihnen verübte, längst gebrandmarkte Thaten
ohne den Ausdruck der Indignation, die man auch von der objectiven
Geschichtschreibung fordert, vorgetragen werden. Die Sprache, mit
allen ihren ausdrucksvollen Wendungen, mit ihrer großen Lebhaftig=
keit und Gewandtheit, steht an der Grenze der Manier.

Um für dies letzte den rechten Gesichtspunkt zu gewinnen, müssen
wir den ganzen Stand unserer dermaligen geistigen Cultur ins Auge
fassen. Wir können uns mit Recht rühmen, die hinter uns liegenden
Menschenalter an Fülle des Wissens, an mannichfaltigen Früchten der
Forschung und Gelehrsamkeit, an Verbreitung der Bildung bei weitem
zu übertreffen; wir streben mit Muth und Kraft, die staatliche Frei=
heit zu erringen, oder zu befestigen. Aber einen frischen, jugendlichen
Charakter hat unser Zeitalter dennoch nicht, vielmehr den eines, wo
nicht gealterten, doch in vielem Betracht übersättigten. Der Zustand
der schönen Künste gibt einen untrüglichen Maßstab dafür ab. Wir
können unseren Erzeugnissen weder die großartige Einfachheit früherer
Zeitalter geben, noch würden wir, wenn wir es könnten, mit ihr Wir=
kung hervorbringen. Die Wandlung geht zuweilen außerordentlich
schnell vor sich. Gibbon konnte nicht mehr schreiben wie Hume, so
gern er es auch gewollt hätte. Auch er hat in seiner Weise, obschon
völlig verschieden von Ranke, die Erzählung oft aufgehen lassen in
dem betrachtenden Ueberblick. In Macaulay hat allerdings eine sehr
bemerkenswerthe Rückkehr zur Kunst des Erzählens und Malens
Statt gefunden. Er ist einer der ersten historischen Coloristen aller
Jahrhunderte, und in der Kunst, durch die Gruppirung der Gestalten
der Farbengebung erst ihre volle Wirkung zu verleihen, ist ihm wol
Niemand gleich gekommen. Wenn er aber diesen wahrhaft bezaubern=
den Farbenglanz oft auf Kosten der Richtigkeit und Strenge der Zeich=
nung (ich sage Richtigkeit der Zeichnung, nicht der Thatsachen) erreicht,
so zeigt er sich als ein Kind seiner Zeit, welche den Ausdruck der

Schönheit, in der sich die Wahrheit und der Reiz natürlicher Einfachheit vermählen, nicht finden kann oder verschmäht. So wollte sich
auch Ranke's ungemeine Kunst, zu gruppiren und zu componiren, in
einen einfachen Sprachton nicht fügen. Aber irgend eine Kunstform
konnte ein Mann, der sich das höchste Ziel der Geschichtschreibung
gesetzt hatte, nicht entbehren. So wurde er Manierist, aber ein höchst
geistreicher und in den Anfängen einer solchen Richtung stehender.
Wie aber in jeder Kunst die beginnende Manier den eigenen Schöpfer
halb wider den eigenen Willen fortreißt und beherrscht, so wirkt sie auf
Andere mit lockender, für Viele unwiderstehlicher Gewalt, und entfernt
sie von der Natur. Nicht bei Ranke's eigentlichen Schülern finde ich
das, bei einigen vielmehr in umgekehrter Richtung Rückkehr zur Natur,
wol aber Spuren davon bei Anderen, welche ursprünglich von jenem
Meister gar nicht ausgegangen sind.

Siebenter Brief.

Von der langen Abschweifung in meinem Vorigen kehre ich heute
zu Herrn Gervinus und zu seiner Vergleichung beider Methoden zurück. Wenn er hier sagt: „Das Voraussetzen der Vergleichung anderer
Bücher ist ihnen beiden eigen" — soll man da glauben, daß ihm der
himmelweite Unterschied zwischen der Voraussetzung stofflicher Massen
bei dem Einen und der von Arbeiten, welche große kritische Untersuchungen und ihre Resultate zugleich umfassen, bei dem Anderen,
wirklich entgangen ist? Wenn man sich aber sagen muß, daß ihm
dieser Unterschied gar nicht entgangen sein kann, was soll man
dann von der Unbefangenheit der Vergleichung schon im Anfang
denken?

Denn diese Worte stehen ja in der Ihnen neulich ganz mit=
getheilten Eröffnung der Parallele, in welcher doch wenigstens der
Schein einer gegen beide Methoden geübten Gerechtigkeit noch be=
wahrt ist. Aber nicht lange, so steigt die eine immer höher und die
andere sinkt immer tiefer.

Der Hauptvorwurf, welcher der Rankischen gemacht wird, ist,
daß sie das größte Gewicht auf die Berichte der Diplomaten legt, und
damit auf „die Urkunden der Leute, deren Schrift und Wort so oft
nur zur Verstellung der Wahrheit dienen muß, für die die Ge=
schichte erst ein Geschehendes, nicht ein Geschehenes ist, die in der Be=
fangenheit von Dienern und Schreibern, mit verengtem Blicke in
Rücksichten auf die Herren schreiben, für die sie beobachten, und auf
die Beobachteten, über die sie berichten.“ Schlosser dagegen „ver=
schmähte es, in unbegangenen Kohlenschachten zu graben, wo in dem
grünen Walde der offen liegenden Geschichte so viel frisches Holz noch
ungeschlagen steht.“ Und nun können „Gesinnung, ethischer Ernst
und politisches Urtheil unmöglich gleich arten da, wo man vorzugs=
weise auf die Thaten, und dort, wo man vorzugsweise auf die Worte
in der Geschichte achtet.“

Wenn in dieser Antithese überhaupt eine Bedeutung liegt, kann
es nur die sein, daß das letztere Verfahren den vorgegebenen Beweg=
gründen und Zwecken der Handelnden Glauben beimißt, das erstere
aber nicht. Nun ist aber das Gegentheil der Fall. Gerade darum,
weil Ranke den offen vor aller Welt ausgesprochenen Reden nicht
trauen zu dürfen glaubt, hält er sich an Berichterstatter, deren Beruf
und Absicht es war, die Wahrheit, die sich hinter Hüllen versteckt, zu
erforschen. Wenn die Gesandtenberichte die Verachtung, mit welcher
Herr Gervinus von ihnen spricht, wirklich verdienten, so würde der
Schade der falschen Auffassung der Dinge, welcher aus ihnen
in die Rankische Darstellung geflossen ist, gar nicht in Betracht
kommen gegen den unendlich größern, welchen sie in der Geschichte
selbst, in den Schicksalen der Staaten und Völker angerichtet haben.
Denn die größten und klügsten Fürsten und Staatsmänner, die sich
auf jene Berichte verlassen, ihre Politik danach eingerichtet und ver=

hängnißvolle Entschlüsse gefaßt haben, wären dann durch die klein=
lichen Auffassungen von Schreiber= und Bedientenseelen kläglich hinter
das Licht geführt worden, ohne es im geringsten zu merken.

Der unbesonnene Eifer, Ranke eins anzuhängen, hat hier neben=
bei Herrn Gervinus einen schlimmen Streich gespielt. Die Beurthei=
lung Macchiavelli's, welchen er bei dieser Gelegenheit das größte histo=
rische Genie nennt, würde nach seiner Meinung für beide Standpunkte
besonders frappant sein. „Der Vertreter der Einen Seite würde in
ihm den Diplomaten vielleicht beargwohnen, aber dem Meister in der
historischen Kunst die größte Bewunderung zollen; dem der anderen
würde sein Geschichtswerk gleichgültig sein, desto schätzbarer aber seine
diplomatischen Berichte, die Arbeit des Handlangers der Florentiner
Regierung; von den bösen Worten seiner politischen Principien würde
er sich entsetzt hinwegwenden, und dagegen von Herzen lieber einen
Schönredner wie Guicciardini rühmen.“ Nun hat aber Niemand eine
so scharfe Kritik Guicciardini's geschrieben wie gerade Ranke. Sie ist
eine vernichtende zu nennen. Aus sehr sorgfältigen, ausführlichen
Zerlegungen und Untersuchungen zieht er das Resultat, „daß diese
Geschichte in ihrer ganz chronologischen Anordnung das Interesse nicht
selten zerstöre, daß sie zum guten Theil aus anderen Büchern, ohne
besondere Forschungen zusammengetragen sei, daß ein großer Theil
derselben, die Reden, keineswegs historische Monumente, sondern
Uebungen der Redekunst, daß wichtige Facta ganz entstellt, Verträge
verändert, und Wunder erzählt seien, die sich nie begeben.“ — Sollte
man mit so großem Hochmuthe wie Herr Gervinus in allgemeinen
Ausdrücken über Autoren absprechen, deren Werke auch nur zu durch=
blättern man sich nicht einmal die Mühe gegeben hat?

Daß die Quellen Ranke's als diplomatische verdächtigt werden,
ist eine Absurdität; daß ihre ganze Charakteristik allein von solchen
hergenommen wird, eine Unredlichkeit. Ranke hat so wenig allein aus
Gesandtschaftsberichten geschöpft, daß er vielmehr einen beträchtlichen,
vielleicht den beträchtlichsten Theil seiner Entdeckungen anderen Ur=
kunden verdankt. So ist, um Sie nur an Ein Beispiel zu erinnern,
ein großes Räthsel in der deutschen Reformationsgeschichte, um dessen

Deutung man sich bisher immer vergebens bemüht hatte, durch einen geheimen Vertrag, den er aus dem Staube der Archive hervorgezogen, nunmehr gelöst. Haben die Verehrer Schlossers Bereicherungen der Geschichte von solchem Werthe durch ihren Meister aufzuweisen?

Als das, wodurch Schlosser den vollständigsten Sieg über die Rankische Methode und Schule davon getragen habe, als das, was mehr fördere als die Eröffnung aller Archive, wird am Schlusse der Parallele „die Heranziehung des offenst liegenden Theiles aller Geschichte, der Litteratur" bezeichnet.

Und damit ständen Ranke's Werke im Gegensatz? In ihnen würden die Erscheinungen des nationalen Geistes in den Litteraturen nicht geschildert und erwogen?

Für welche Gattung von Lesern schreibt denn Herr Gervinus? Diejenigen, welche Ranke nicht kennen, werden an solchen Verschweigungen natürlich keinen Anstoß nehmen, können aber auch die ihn betreffenden Beziehungen nicht verstehen; die aber, welche ihn kennen, was sollen sie zu dem Verschweigen von Dingen sagen, welche die ganze Vergleichung umstürzen würden?

Und wenn man von ihrem Ende zu ihrem Anfang zurückgeht, so zeigt sich, daß dieser nichts ist als ein leeres Wortgepränge. Denn nachdem wir nun erfahren haben, daß von den beiden Auffassungsweisen die eine die rechte ist, die andere aber eine entschiedene Verirrung, können wir doch in ihrer Entstehung und Ausbildung neben einander kein Zeugniß für die Vielseitigkeit des deutschen Geistes sehen, da man dieses Wort sonst nur auf Richtungen bezieht, denen eine doch einigermaßen gleiche Berechtigung zukommt.

Will man aber die Entwickelung des deutschen Geistes zum Maßstabe für das gegenseitige Verhältniß beider Behandlungsweisen machen, so muß man sagen, daß nur die eine aus dieser Entwickelung hervorgegangen ist, die andere aber nicht. Ranke ist durch die große Methode Niebuhrs, die alte Geschichte zu behandeln, angeregt, wie Niebuhr wieder seine Wurzeln in allen eine neue Geburt in der Geschichte vorbereitenden Momenten hat, welche die letzten Jahrzehende des vorigen Jahrhunderts an den Tag gebracht hatten: die Richtung

auf das Ethos der Nationen durch Herder; die Aufsuchung dieses
Ethos in den Gesetzen und Verfassungen, in den Begebenheiten
selbst durch die französische Staatsumwälzung, in der Litteratur durch
Möser und Spittler; das neue Leben und die Vertiefung der classi=
schen Philologie. Alles das steht im Zusammenhang und bildet eine
große Kette.

Schlosser dagegen, eine energische, aber schroffe, eckige, überwie=
gend negative Natur, vieler aber geistig nirgends eingefügter Kunde
voll, in keine die Zeit bewegende Tonart einklingend, steht mit dieser
Kette nur in einer äußerlichen, keiner innerlichen Beziehung. Er
hat seine Art, das geschichtliche Feld anzubauen weder empfangen
noch fruchtbar fortgebildet, denn nur seine geistlosen Schüler haben in
seiner Weise fortgearbeitet, die bedeutenden sich davon losgesagt, mag
ihr Mund auch noch so überströmen von seinem Lobe.

Steht er aber vielleicht als einsamer Heros, wie die alte Ansicht
sich den Homer dachte, um so größer da? Diese Frage nach seiner
absoluten Geltung werden wir doch noch etwas systematischer zu be=
trachten haben, als in meinen bisherigen Briefen geschehen ist, aber
mit steter Rücksicht auf Herrn Gervinus, wenn auch nicht bloß auf
seine neueste Schrift.

Achter Brief.

Wenn die alten Angriffe auf Schlosser in der That eine seiner
Herabwürdigung Anderer entsprechende Stärke gehabt hätten,
würde er sich dafür vollkommen entschädigt haben halten können durch
einen Opferduft, wie er höchst selten zu einem Lebenden emporge=
stiegen ist. Ich rede von der idealen Höhe, auf welche Herr Gervinus

schon vor einem Vierteljahrhundert seinen Meister gestellt hat in einem Büchlein unter dem Titel Grundzüge der Historik, welches Ihnen vermuthlich nie zu Gesicht gekommen ist. Auf dem Wege einer ganz willkürlichen theoretischen Construction der Geschichtschreibung kommt der Verfasser zu dem Resultate, daß nur Griechen, Italiäner und Deutsche wirklich große Historiker hervorgebracht haben, und zwar jedes dieser Völker nur an einem bestimmten Wendepunkte seiner Geschichte, und jedes nur Einen, nämlich die Griechen Thuchbides, die Italiäner Macchiavelli, und die Deutschen — nun natürlich den einzigen Schlosser. Denn „das Werk Niebuhrs mit fast allen Anderen ist Product der Litteratur und Wissenschaft, Schlossers Werke allein kann man Früchte zugleich des Lebens nennen." Also eines der Litteratur und Wissenschaft ausdrücklich entgegengesetzten Lebens, welches doch nur ein in die Praxis unmittelbar thätig eingreifendes sein kann, oder doch wenigstens ein mit langjähriger Beobachtung verschiedenartiger Kreise, in denen sich das nationale Leben vorzugsweise concentrirt und abspiegelt, erfülltes. Wenn und wo nun Schlosser ein solches Leben gelebt hat, zu sagen, hat Herrn Gervinus die Kürze und knappe Haltung des kleinen Buches verhindert, was der Leser um so mehr bedauern muß, da Schlosser selbst in der Vorrede zum zweiten Bande der Geschichte des achtzehnten und neunzehnten Jahrhunderts von der völligen Zurückgezogenheit von der Welt, in der er lebe, spricht. Auch ist nicht bekannt, daß er früher eine Stellung gehabt hat, die ihm einen Einblick in die Welt wie den beschriebenen hätte verschaffen können.

Aber wie paradox dies auch sein mag; die Schrift ist noch weit paradoxer in Dem, was sie negirt, als in Dem, was sie anerkennt. Alle griechischen, italiänischen und deutschen Geschichtschreiber, die außer den genannten sonst für bedeutend galten, nebst sämmtlichen römischen und englischen, anderer Nationen zu geschweigen, sind ihres Ruhmes beraubt. Ueber Herodot, Sallust, Livius, Tacitus, die so viele edle Geister entzückt und entzündet haben, ist der Sturm der Verwüstung schonungslos hingefahren.

Drei nur zu bereichern unter Allen
Mußte diese Götterwelt vergehn.

Versuche, vom Standpunkt irgend einer theoretischen Grille aus großen Männern auf den Gebieten des Staats oder der Kunst und Litteratur den Ruhm, den sie bei ganzen Generationen verschiedener Völker genießen, zu rauben, erinnern mich immer an den Ritter von La Mancha, der mit seinem kühnen Schwerte die Helden der alten spanischen Romanzen niedergestreckt zu haben glaubt, da ihm doch nur seine Phantasie und närrische Eitelkeit vorspiegeln, daß er diese Helden vernichtet habe; denn in der That hat er nur Puppen in Stücke gehauen, die Marionetten des Meisters Peter, des frühern Spitzbuben Ginez von Pasamonte, der bei aller seiner Spitzbüberei voller Weisheit steckt. Wie Vielen kann es zur Lehre dienen, wenn er seinem dolmetschenden Jungen, als dieser sich in hohen Phrasen zu ergehen anfängt, zuruft: Simplicität (llaneza Junge; steige nicht so hoch, denn alle Affectation ist zu tadeln!

Der Nekrolog kommt auf jene Behauptungen nicht ausdrücklich zurück. Wenn man ihn aber aufmerksam liest, wird man leicht gewahr, daß sie stillschweigend vorausgesetzt werden. Der Kunstbau der Apologie will die Glorie vor den Augen der Leser entstehen und allmählich immer mehr wachsen lassen. Der höchste Sieg geht aus Streit und Kampf hervor. Darum müssen die Gegner eine große Rolle übernehmen; sie müssen geschlagen werden und das Feld beschämt verlassen. Ihren Tadel legt ihnen der Apologet in recht scharfen und schroffen Ausdrücken in den Mund, gewiß seine Leser, deren großen Durchschnitt er als vorher schon für Schloffer höchst eingenommen voraussetzen kann, durch den Verdruß, den ihnen die so vorgetragenen Anmaßungen der Tadler einflößen, völlig für sich zu gewinnen. Und daran knüpft sich denn die Reihe der Zugeständnisse, die uns unter den Händen wieder zerfließen. Das Wenige, was davon übrig bleibt, muß aufgehen in der Betrachtung, daß jeder irdischen Erscheinung Unvollkommenheiten ankleben, ohne welche die Vollkommenheiten nicht denkbar sind. Ein gütiges Geschick hat den Deutschen den außerordentlichen Mann gegönnt, von dessen Art alle Nationen aller Jahrhunderte nur zwei noch gesehen haben, so daß die Gegner mit allen anderen Zeitgenossen nichts können als

wandeln unter seinen Riesenbeinen
Und schaun umher nach einem schnöden Grab.

Und man sollte sich unerhebliche Mängel nicht gefallen lassen?

Der aber, welcher von der Erscheinung nicht so geblendet ist, um sie ohne alle Prüfung für eine so gewaltige und übermächtige zu halten, gerade Der ist in seinen Ansprüchen um so bescheidener. Er verlangt, um den Gefeierten preisen zu können, nicht, daß er hinge= stellt werde als ein überschwenglich großer Geschichtschreiber, son= dern nur als ein großer, der dem schwierigen Beruf und den wesent= lichen Anforderungen, welche die fortgeschrittene Wissenschaft und die ihr angemessene Kunst an einen Historiker ersten Ranges zu stellen berechtigt ist, vollkommen gewachsen sei. Ich denke, Sie werden mit mir übereinstimmen, wenn ich diese Anforderungen unter folgende drei Kategorien bringe. Man wird verlangen dürfen, daß ein sol= cher Autor sich allen zugänglichen Stoff angeeignet, und dessen Werth und Brauchbarkeit nach kritischen Grundsätzen bestimmt hat; daß er die Zustände der Völker in ihren Hauptrichtungen erforscht, die die Zeiten beherrschenden und belebenden Ideen erfaßt, und die Trieb= federn der handelnden Personen erkannt hat; daß ihm endlich die Gabe nicht fehlt, seiner Darstellung eine befriedigende künstlerische Form zu geben.

Wie sich Schlosser zu diesen Forderungen verhält — so kann ich nunmehr die am Schlusse meines letzten Briefes aufgeworfene allgemeine Frage näher formuliren — darauf will ich nächstens kommen.

Neunter Brief.

___

Allerdings ist unser Apologet keinem der in meinem Vorigen auf=
gestellten Punkte ganz vorbeigegangen. Aber was er darüber sagt,
ist weder scharf und bestimmt genug, noch in den rechten Zusammen=
hang gebracht. Es ist zerstreut und in die Polemik gegen die Tadler
künstlich eingeflochten.

Schlossers Belesenheit in den Quellen war eine ganze außer=
ordentliche. Ihr vertrauend, faßte er den riesenhaften Vorsatz, aus
ihnen die Geschichte aller Zeiten und Völker zu schreiben, und bis auf
wenige Jahrhunderte hat er ihn ausgeführt. Ich will das Vorhaben
und seine Durchführung nicht mit dem Maßstabe eines englischen
Kritikers messen, welcher jüngst gesagt hat, die Vollendung von Ma=
caulay's Plan, die englische Geschichte von der Thronbesteigung Ja=
kobs II. bis auf die Erinnerungen des gegenwärtig lebenden Ge=
schlechts bis ans Ziel zu führen, wie er angefangen, sie zu schreiben,
gehe über alle menschliche Arbeitskraft hinaus. Dies sei immerhin
übertrieben, auch hat der Engländer dabei die Forschungen in uner=
meßlichen schriftlichen Urkunden jeder Art im Auge, von welchen
Schlosser — Herr Gervinus hat uns gesagt warum — einen sehr
geringen Gebrauch machte. Aber die unermüdliche Lectüre einer
Quelle nach der andern und immer wieder einer andern, in ein gründ=
liches sorgfältiges Studium dieser Bücher verwandeln, in ein solches
Studium, daß es die Grundlage einer eigenthümlichen unabhängigen
Behandlung des ganzen Verlaufs der Universalgeschichte abgeben
kann, dazu reicht, auch wenn jedes Befragen handschriftlicher Nach=
richten ausgeschlossen wird, in der That kein menschliches Vermögen
hin. Schlosser aber, obschon er mehrere Male mit betriebsamer, un=
ruhiger Geschäftigkeit von einer noch nicht vollendeten weltgeschicht=

3

den eigentlichen kritischen Historiker. Es gab eine Zeit, wo die Kunst=
richter mit solchen Einzelheiten zufrieden gestellt waren, und Den schon
für einen kritischen Forscher hielten, der verschiedene Berichte über
einzelne Begebenheiten nach dem äußerlich gefaßten Begriffe einer
gewissen Probabilität geschickt gegen einander abzuwägen wußte, und
danach den relativen Grad ihrer Glaubwürdigkeit zu bestimmen suchte.
Darüber sind wir denn doch wol hinaus. Die Aufgabe, deren Lö=
sung gegenwärtig der höhern historischen Kritik anheim fällt, habe ich
schon in einem frühern Briefe mit wenigen Worten bezeichnet. Die
Grundlage derselben ist die Feststellung des Werthes der Quellen=
schriftsteller nach ihrer allgemeinen Beschaffenheit, nach ihrem Ge=
sichtskreise und ihrer Weltanschauung, nach ihrem Verhältnisse zu
ihrer Zeit und zu einander, die Bestimmung, ob und wie sie von ein=
ander abhängen. So wie die classische Philologie unserer Tage über=
gegangen ist von der Schätzung der einzelnen Varianten der Hand=
schriften zu einer, sonst nur in einzelnen Fällen beachteten, jetzt durch=
gängigen Schätzung der Handschriften im Ganzen nach ihrer Zeit und
der Familie, der sie angehören, als dem nothwendigen Ausgangspunkt
für die Beurtheilung der einzelnen Lesarten. Können Sie mir die
Aufstellung von Gesichtspunkten für Unterscheidungen dieser Art auf
dem historischen Gebiete in Schlossers Werken nachweisen?

Eine zweite kritische Thätigkeit, welche in rechter Schärfe die
erstere vorausgesetzt, aber auch öfters ohne sie, und nicht ohne Glück,
geübt worden ist, richtet sich auf die Untersuchung einzelner, schwieri=
ger, streitiger Punkte und erfordert eine sorgfältige, genaue Untersu=
chung und Abwägung der für und wider vorgebrachten und vorzu=
bringenden Gründe. Auch sie wird bei Schlosser vermißt; sie ent=
spricht weder seiner Begabung noch seinen Neigungen. Dennoch ver=
sichert ein anderer Panegyrist in der Augsburger Allgemeinen Zei=
tung, er habe an kritischer Schärfe Niebuhr übertroffen. Wäre man
nicht bei diesen Herren an Ueberschwenglichkeiten, die, um Effect zu
machen, immer höher gesteigert werden, gewöhnt, man müßte eine
solche Behauptung für Spott halten. Wo sind denn in Schlossers
Werken, ich will nicht sagen zum Abschluß gediehene Untersuchungen

3 *

der erwähnten Art, sondern nur methodische Vorbereitungen und Grundlegungen zu solchen scharf und bestimmt aufzustellenden Fragen, auf die dann weiter gebaut werden kann? Und sollten sich wirklich einige in seinen zahlreichen Bänden finden, die mir entgangen wären, so würden dagegen hundert Fälle zu nennen sein, welche die Gelegenheit dazu darboten, ohne daß der Autor sie benutzt hat, und die seltene Ausnahme würde die Regel nur bekräftigen.

So steht es nun bei Schlosser mit der ersten Anforderung an den wahrhaft großen Historiker, mit den Leistungen auf dem Gebiete der Kritik, d. h. der genauen Ermittelung der Wahrheit.

Zehnter Brief.

Herr Gervinus hat sich mit einer Vergleichung der Niebuhrschen und der Schlosserschen Kritik anders abgefunden. „War Niebuhrs Kritik, lautet sein Urtheil, auf die Richtigstellung der objectiven Thatsachen gestellt (sic), so Schlossers auf die Richtigstellung des historischen Urtheils.“ — Der Satz muß umgekehrt werden und folgendermaßen lauten: Niebuhrs Kritik geht auf die Richtigkeit des historischen Urtheils und dadurch auf die der Thatsachen, Schlossers auf die einzelner Facta.

Für Herrn Gervinus ist indeß Schlosser ein eigentlich kritischer Geschichtschreiber, und ein so vorzugsweis kritischer, daß er in dieser seiner Richtung und Thätigkeit sogar eine Hauptursache seiner Mängel sieht.

„Schlosser, sagt er, schrieb in sein Buch über das Mittelalter die kahlen, nackten Thatsachen nieder, mehr um Haltung als um Färbung, mehr um Sichtung der Quellen als um malerische Darstellung besorgt ... Seine Geschichtschreibung ward a u f d i e s e W e i s e früh und spät mehr eine Art fortlaufender Kritik der Quellen und Quellenbenutzung; und wo er einmal diesen Standpunkt geradezu und ausschließlich einnahm, wie in dem Aufsatze über Napoleons Tadler und Lobredner, dort ist er wol Jedem und offenbar sich selber am behaglichsten... Mit dieser Eigenheit hängt dann alle Vernachlässigung der Methodik, alle Sorglosigkeit des Stils, alle Flüchtigkeit der Darstellung, hängen selbst viele Mängel in Dem, was ihm sonst das Heiligste in seiner Thätigkeit war, in der Beschaffung der Materialien, der Zusammenstellung, der Thatsachen zusammen."

Worauf kann das doppelte diese, "diese Art, diese Eigenthümlichkeit" gehen? Etwas mehr Klarheit in der Wortstellung zu einer genauen Bestimmung dieser Beziehung möchte man allerdings wünschen, aber grammatische und logische Präcision ist eine Tugend, welche in der schwunghaften Rede dem stürmischen Feuer nicht bloß an dieser Stelle aufgeopfert ist. Und ich mag die Worte drehen und wenden wie ich will, ich kann sie nur auf die kritische Beschaffenheit der Schlosserschen Geschichtschreibung beziehen. Die Kritik ist es, welche für alle jene Mängel verantwortlich bleibt. Ich will mich bei der Unbegreiflichkeit, daß aus der Kritik die Vernachlässigung der Methodik hervorgehe, nicht aufhalten, und Ihre Aufmerksamkeit nur auf eine andere ihr zugeschriebene Schuld lenken, auf die, daß sie "alle Sorglosigkeit des Stils" erzeuge.

Was sagen Sie dazu, liebster Freund? Sie, der Sie erst kürzlich geäußert haben, daß Sie Bentley's Abhandlung über den Phalaris darum mit dem größten und reinsten Vergnügen lesen, weil die Trefflichkeit der Kritik den vollendeten Stil von selbst erzeugt habe? Und mit vollem Rechte haben Sie das gesagt. Die echte, die feine, die durchgebildete Kritik wird das immer thun.

Doch Ihr Erstaunen wird wachsen, wenn Sie von der Belehrung hören, die uns eine spätere Stelle ertheilt. "Es ist umsonst, lautet sie, die äußere Systemlosigkeit und Formlosigkeit der Schlosserschen Werke zu leugnen; man muß sie von dieser Seite dem Tadel

Derer, die über Außenseite und Oberfläche nicht hinwegsehen können, Preis geben."

Wahrlich! Ich bedaure Herrn Gervinus, daß ihm zur Ver=herrlichung seines Helden Behauptungen nöthig scheinen, die er in eines jeden Andern Munde unerträglich platt finden würde.

Wie? Die Form wäre nichts als Außenseite und Oberfläche, über welche nur die Beschränktheit nicht hinwegsehen kann? Einen so vornehmen Litterarhistoriker wie Herrn Gervinus müßte man erst darin erinnern, daß sie in der Geschichte, wie in allen Zweigen der Litteratur, mit Ausnahme der Mathematik und der streng wissenschaft=lichen Theile der Naturkunde, etwas Wesentliches ist? Etwas sehr Wesentliches ist sie, da sie als ganz äußerliche Form nur in der Ab=straction dem Wesen entgegengesetzt wird, innerlich genommen aber eine nothwendige Manifestation des erscheinenden Wesens ist. Da=rum haben die Alten die Geschichtschreibung mit Recht zur Redekunst gerechnet. Daß in Zeiten der verfallenden Beredsamkeit an die Stelle des echten, naturgemäßen historischen Kunststils ein sich um die Darstel=lung als äußere Hülle legender rhetorischer Prunk trat, thut der Wahrheit dieser Ansicht keinen Eintrag. Und selbst mitten in solchen Zeiten tritt hier und da ein großer Geist auf, in dessen Erzeugnissen die Eigenthümlich=keit der künstlerischen Form die Eigenthümlichkeit der Weltanschauung abspiegelt. Eine solche Form wird immer das Erbtheil der großar=tigen Geschichtschreibung sein; wo sie fehlt, wird man immer auf einen bedenklichen Mangel des Gefühls für die nothwendige Uebereinstim=mung des Inneren und des Aeußeren und auf mangelhafte Durch=bildung der Gedanken schließen können. Nicht nur die erzählende Geschichte kann die Schönheit der Form nicht entbehren, auch die ge=schichtliche Betrachtung macht ihren Geist dadurch kennbar und hilft dem Leser, ihn zu verstehen. Oder möchten Sie in Macchiavelli's und Montesquieu's Betrachtungen über die römische Geschichte die Meister=schaft des Vortrags entbehren?

Wie kann nur Herr Gervinus immer vom Leben als von einer Quelle, aus welcher Schlosser geschöpft hat, mehr geschöpft hat wie aus der Litteratur, als von einem seine Darstellung durchdringenden

reden, wenn er die Form für etwas Unwesentliches gehalten wissen
will? Es ist vielmehr ein Kennzeichen des frischen, schaffenden Lebens, daß es strebt, in einer seinem Innern angemessenen, es deu-
tenden Gestalt zu erscheinen. Früher wurden diese Gestalten mehr
durch den Geist ganzer Zeitalter erzeugt, und zeigten innerhalb derselben große Uebereinstimmung; später, als die Gleichartigkeit gegen
die individuelle Gestaltung zurücktrat, offenbarte sich die Originalität
der Geister auch in besonderen individuellen Kunstformen, zuweilen
in seltsamen, aber nie in der Gleichgültigkeit gegen alle Form, nie in
der Abwesenheit derselben.

Allerdings hängt das Wesen der Schlosserschen Geschichtschreibung mit ihrer Formlosigkeit zusammen, aber in ganz anderer Weise
wie Herr Gervinus es betrachtet wissen will. In der Geschichte des
Mittelalters, heißt es, schrieb er, die Thatsachen „kahl und nackt"
nieder, weil er „mehr um Haltung als um Färbung (mit diesen Ausdrücken bezeichnet Schlosser selbst in einer Vorrede seine Methode), mehr
um Sichtung der Quellen als um malerische Darstellung besorgt war."
Aber Haltung, von der in der Geschichtschreibung Schlossers überhaupt
nicht viel zu rühmen ist, ist in der Geschichte des Mittelalters vollends
nicht zu finden, und eben so wenig ist die malerische Darstellung nicht
etwa nur in einem geringern Grade vorhanden, als die Quellenkritik,
sondern gar nicht. Man muß es genau nehmen mit einer Schrift,
wo die Kunst des Rhetors immer mit den Ausdrücken spielt.

Die Wahrheit ist, daß Schlosser damals nur auf die nackten
Facta Werth legte; daraus gezogene Schlüsse auf den geistigen Zusammenhang des Lebens aber von sich wies, mit einer Heftigkeit,
welcher er in seinen Vorreden den stärksten Ausdruck gab. Daher
war er denn auch nur bemüht, eine Fülle von Thatsachen, wie sie ihm
seine unermüdet fleißige Quellenlectüre an die Hand gab, nach einer
Sichtung, nicht der Quellen, sondern der in ihnen enthaltenen Nachrichten, trocken und gedrängt auf einander zu häufen. Ohne alle
Unterbrechung läuft der Faden der Ereignisse fort. Keine Oase einer
Betrachtung oder eines zusammenfassenden Rückblicks erquickt den
Wandrer durch dieses sich immer höher emporthürmende Sandmeer.

Gerade die von Schlosser selbst betonte und von Herrn Gervinus ge=
rühmte Haltung, d. h. nach einem aus der Theorie der Malerei her=
genommenen Begriffe, die kunstmäßige Vertheilung und Abstufung
von Licht und Schatten, das gehörige Vortreten einer Partie und das
Zurücktreten einer andern, wird durch eine solche Behandlungsweise
zerstört und von einem an classische Muster gewöhnten Leser schmerz=
lich vermißt.

Dieser Gestaltung des Stoffs entspricht die eintönige, ungefüge,
unbeholfene, schwerfällige, reizlose Schreibart Schlossers vollkommen.

Und eine solche Darstellung sollte den geschichtlichen Sinn einer
Generation läutern und erheben, deren Väter sich an Hume's edler
Simplicität und natürlichem Redefluß, an Robertsons anmuthiger,
leicht hingleitender Eleganz und Durchsichtigkeit und an Gibbons
geist= und bedeutungsvoller Prägnanz erfreut und heraufgebildet
hatten.

Herr Gervinus dagegen, wie er die Formlosigkeit seines Helden
von einer Tugend ableitet, ist eben so geneigt, von dieser Formlosig=
keit wiederum andere Tugenden abzuleiten. „Mit der Bevorzugung
der äußern Form, sagt er, geht die Gabe verloren, sich in fremde
Zeit und Volksnatur zu versetzen." (Das mag sich Mommsen mer=
ken.) „Für Schlosser aber ergab sich der Erfolg, daß uns seine
Schriften unabsichtlich und ungesucht, trotz allem Mangel an ästhe=
tischer Kunst, trotz aller ungelenken Schreibart, vielleicht gerade we=
gen dieser Eigenheiten, unmittelbarer als sehr viele kunstreichere Ge=
schichtswerke in die Fremde und Ferne der Jahrhunderte versetzen."
Nun bin ich weit entfernt, Herrn Gervinus das Gefühl einer solchen
Versetzung bei der Lectüre Schlosserscher Darstellungen abzusprechen,
aber wenn er es diesen Darstellungen selbst zuschreibt, täuschen ihn
seine Einbildungskraft, seine unbegrenzte Vorliebe für den Lehrer
und seine Gutmüthigkeit. Nur Erinnerungen an unmittelbar aus
den Denkmalen geschöpfte Kunde kann dadurch erweckt worden sein.
Denn Schlossers Bilder sind zwar nicht ungetreu, aber nach getrock=
neten Exemplaren, wie er ihrer für seinen bestimmten Gebrauch be=
durfte, gemacht, und daher ohne Leben, Wärme und Färbung. Die=

ſes Auftrocknen iſt aber auch nichts anderes als eine ſubjective Behandlung der Gegenſtände durch den Schriftſteller, und keine Verſe-
tzung in die Fremde und Ferne iſt dadurch möglich.

Im Verlaufe der Zeit begriff Schloſſer die Nothwendigkeit, der
Geſchichte durch Blicke auf die geiſtige Entwickelung der Zeiten und
der Völker Leben und Wärme zu geben. Ganz ohne Einfluß auf die
ſprachliche Darſtellung blieb dies nicht, aber es war nicht von Bedeutung. Zu einer rechten Umbildung des Stils war es für eine ſo
ſtarre Natur zu ſpät.

Elfter Brief.

Wie ich dazu gekommen bin, in meinem letzten Briefe von der
erſten der aufgeſtellten Forderungen gleich zur dritten überzugehen,
haben Sie wol gleich geſehen. Herr Gervinus iſt es, der mich dazu
brachte, indem er von dem kritiſchen Beſtreben ſeines Meiſters ſeine
Formloſigkeit ableitet.

Was mir alſo noch übrig bleibt, das iſt die zweite jener Forderungen, die Idee, welche in der Geſchichtſchreibung hervortreten ſoll.
Es hängt hier aber Alles innerlich ſo zuſammen, daß ich eben dieſes
auf die Idee gehende Element ſchon berühren mußte, da ich die Formloſigkeit nicht auf die Kritik, ſondern auf die von Gedankenbeziehungen
abſichtlich entkleidete Häufung von Thatſachen zurückführte.

Sehr merkwürdig iſt, was Schloſſer ſelbſt zur Rechtfertigung
dieſer Entkleidung in der 1621 geſchriebenen Vorrede zum erſten
Theile des dritten Bandes der Weltgeſchichte ſagt: „Ich meine, daß
in den Wiſſenſchaften, die ſich nicht mit den inneren Erſcheinungen
allein und noch viel weniger mit dem unmittelbar Wahren, ſondern

mit Dingen der Sinnenwelt beschäftigen, ohne vorhergegangene An=
schauung des Einzelnsten alles Absprechen hohl und eben darum
schief sei, daß man also auch in der Geschichte dieses Einzelne, wäre
es auch nur durch eine camera obscura, an sich vorüber gehen lassen
müsse, wobei dann für den, der die Gestalten nicht selbst in ihrem
Nebel aufsuchen und herausheben kann, unendlich viel daran gelegen
ist, daß Der, welcher ihm das Schattenspiel einrichtet, es treu, wahr=
haftig und ehrlich meint. Aus den einzelnen Bildern muß freilich
dann die Erkenntniß selbst erst herausgebracht werden; dies geschieht
für Elementarunterricht und die größere Menge dadurch, daß man
das Resultat als gegeben empfängt, für das gelehrte und selbständige
Wissen dadurch, daß man es selbst bildet."

Es liegt hierbei die stillschweigende Voraussetzung zu Grunde,
daß schon in der Nacktheit der hingestellten Thatsachen eine Gewähr
für die Treue und Wahrhaftigkeit der Mittheilung liegt. Dies ist
aber keinesweges immer der Fall. Jede Uebertragung aus den Quel=
len kann die Färbung und mit ihr die volle Wahrheit ändern. Doch
die Voraussetzung zugegeben — folgt daraus die Nichtigkeit der Me=
thode, nur die nackten Facta hinzustellen?

In dem herrlichen akademischen Vortrage „Ueber die Aufgabe
des Geschichtschreibers" sagt Wilhelm v. Humboldt: „Mit der
nackten Absonderung des wirklich Geschehenen ist noch kaum das Ge=
rippe der Begebenheit gewonnen. Was man durch sie erhält, ist die
nothwendige Grundlage der Geschichte, der Stoff zu derselben, aber
nicht die Geschichte selbst. Dabei stehen bleiben, hieße die eigentliche,
innere, in dem ursachlichen Zusammenhange gegründete Wahrheit
einer äußern, buchstäblichen, scheinbaren aufopfern, gewissen Irr=
thum wählen, um noch ungewisser Gefahr des Irr=
thums zu entgehen. Die Wahrheit alles Geschehenen beruht
auf dem Hinzukommen des unsichtbaren Theils jeder Thatsache, und
diesen muß daher der Geschichtschreiber hinzufügen. Von dieser Seite
betrachtet, ist er selbst thätig und sogar schöpferisch, zwar nicht indem
er hervorbringt, was nicht vorhanden ist, aber indem er aus eigener
Kraft bildet, was er, wie es wirklich ist, nicht mit bloßer Empfäng=

lichkeit wahrnehmen konnte." Dieser Vortrag ist von 1822; ich be-
zweifle sehr, daß Humboldt jene ein Jahr vorher geschriebene Vorrede
gelesen hatte; es ist aber, als hätte er sie gelesen und wollte, ein wohl-
verdientes gerechtes Gericht darüber halten.

Ob die geschichtliche Darstellung das Wort des Räthsels geradezu hinschreiben, die Formel für die gefundene Idee aussprechen soll,
oder nicht, darüber kann man verschiedener Ansicht sein, wie denn
auch große historische Schriftsteller hierin abweichen. Aber auch im
negativen Falle ist es der Beruf und die Pflicht des Geschichtschreibers, die Leser, selbst so vollkommen reife und fortgeschrittene, wie
Schlosser sie sich denkt, durch seine Art und Methode ganz anders zu
leiten, als es durch ein trocknes Hinstellen der Facta geschehen kann,
so zu leiten, daß die belebende Idee sich von selbst ergibt. Zu diesem
Ende muß er die Thatsachen mit Geist durchdringen; in der Gruppirung der Begebenheiten, den Beziehungen, in sie und die Haupt-
personen gesetzt sind, müssen verständliche Winke liegen. Wird
aber dem Leser zugemuthet, den ganzen Assimilationsproceß selbst zu
verrichten, soll er, so zu sagen, die rohe Pflanzenkost durch die bloße
Thätigkeit seiner eigenen Organe in Fleisch und Blut verwandeln,
dann sind die allerdürrsten und geistlosesten Annalen oder Auszüge
aus ihnen, die sich jeder Art von Verarbeitung des Stoffs enthalten,
die besten; dann enthielte Mascows Behandlung der deutschen Geschichte schon viel zu viel Geist, und Struve's corpus historiae ger-
manicae wäre das mustergültigste Buch, über dessen Art man nie
hätte hinausgehen müssen.

Dann hätte aber auch Schlosser dem Urtheile der Leser über
große historische Charaktere nicht dadurch vorgreifen dürfen, daß der
nachsichtslosen Strenge seines Sittengerichts jeder Auswuchs nicht
des Staatsmanns sondern des Menschen, genügt, sie völlig fallen
zu lassen.

Worin besteht nun aber eigentlich die Frucht aller jener mühse-
ligen Kenntniß so vieler Thatsachen und Einzelheiten? Was ist der
„Weisheit letzter Schluß", nämlich der historischen? Schlosser hat es
ausgesprochen in einer frühern Vorrede in einer Weise, die zugleich

zu einer Rechtfertigung der Weltanschauung dienen soll, welche er aus seinen historischen Studien und deren Art gewonnen hat.

„Ganz etwas anderes ist es — lautet die Stelle — wenn man das Nichts der Dinge und das Eitle der menschlichen Bemühungen, so wie die Wahrheit, daß im Leben stets ein Schatten dem anderen weicht, um endlich dem Nichts den Platz zu lassen, nach durchlesenen Folianten mühsam lernt, und Muth faßt, neue Folianten zu lesen, oder nach regem Leben, nach manchem vergeblichen Bemühen, manchem leeren Streben und viel eitler Arbeit sich dieselbe Wahrheit ableitet, und den Muth gestärkt fühlt, weiter zu gehen, als wenn man von vorn herein aus Gedichten, Romanen und halber Philosophie Ver= zagtheit einsaugt, und an der Schwelle oder in der Vorhalle hinsinkt.“

Daß die halbe Philosophie nur Verzagtheit einflößen kann, ist ganz richtig; aus der wahren dagegen, wie aus dem rechten religiösen Glauben und aus der Poesie auf ihrer Höhe strömt der Muth zu leben und zu wirken, trotz der Ueberzeugung von dem Schattenwesen und der Nichtigkeit der irdischen Erscheinung. Und eben dahin führt gewiß auch die Betrachtung des Ablaufs der Schicksale des mensch= lichen Geschlechts. Ist aber zu dieser Betrachtung die sorgfältige Er= forschung aller Einzelheiten nöthig? Herr Gervinus nennt es eine „nie dagewesene und wol nie wiederkehrende Erscheinung, daß ein solcher Mann, um diese Eitelkeit der menschlichen Bemühungen von Grund aus zu erforschen, den ganzen Umfang der weiten Menschen= geschichte durchwanderte.“ Und daß dies eine nie dagewesene Erschei= nung ist, darin hat er gewiß ganz Recht. Um zu einer Einsicht zu gelangen, welche die Weisen der alten Zeiten vollkommen besaßen, wie beschränkt auch die Spanne des Raumes und der Zeit war, die sie überschauten — wer sonst möchte da eine so unermeßliche, mühselige Wanderung vornehmen, deren Ergebniß jener Wahrheit nicht das mindeste zusetzen oder abnehmen kann!

Zu einem ganz anderen Ziele führt das sorgfältige Eingehen auf alle Einzelheiten des Weltlaufs, zu der rechten Einsicht nämlich in die dem Schattenwesen des irdischen Daseins gegenüber doch auch vorhandene Realität des Völkerlebens und seiner Entwickelung mit allen seinen Besonderheiten. Die aus dieser Einsicht entspringende Geschichte, die wahre Lehrerin der Staatsweisheit, erfordert freilich auch eine andere Behandlung, als die, welche in den Schicksalen der Menschen wenig mehr sieht, als eine moralische Beispielsammlung im Großen.

Die vielen Verurtheilungen, welche von diesem Richterstuhle herab ausgesprochen werden, meint Herr Gervinus rechtfertigen zu können durch eine Vergleichung mit außerordentlichen Männern frü= herer Zeiten. „Wenigstens auf die größten aller Beurtheiler von Welt und Menschen, die an einem eignen inneren Leben das äußere zu messen verstanden, auf einen Shakspeare, Dante, Macchiavelli hat das Weltwesen stets einen solchen zu Ernst und Strenge bildenden Eindruck gemacht."

Die Charakteristik der Apologie würde unvollständig sein, wenn ich diese Rechtfertigung gar nicht erwähnte, aber zu bekämpfen ist sie nicht. Sie werden mir zugeben, liebster Freund, daß hier der Streit ein Ende hat. Wer ein widerwärtiges, mürrisches Kritteln und Mäkeln an so vielen geschichtlichen Größen, welches die Begeisterung stört und zerstört, mit der tiefsinnigen Lebensauffassung jener Männer auf eine Linie stellen kann, wer darin dieselbe Würdigkeit und Er= habenheit sieht, wie in Shakspeare's großartiger Ausgleichung von Ernst und Scherz, von Trübsinn und Heiterkeit — mit dem ist eine Verständigung schwerlich zu hoffen.

Und doch bildet diese sittliche Kritik, wie Herr Gervinus sie nennt, für ihn eine Seite des idealen Theiles der Schlosser'schen Geschichtschreibung; worin ihm eine zweite liegt, davon in meinem nächsten Briefe.

Zwölfter Brief.

Mit der von 1826 bis 1834 erschienenen Universalhistorischen Uebersicht der Geschichte der alten Welt und ihrer Cultur beginnt, wie Sie wissen, eine neue Periode der Schlosserschen Geschichtschreibung. Ihr unterscheidender Charakter liegt darin, daß den bloßen äußeren Thatsachen nun auch die Culturgeschichte, d. h. Abschnitte über das Leben, die Staatsverhältnisse und die in der Litteratur nachzuweisende Bildung, hinzugefügt werden. „Ich habe mich dazu, heißt es in der Vorrede, aus dem doppelten Grunde entschlossen, weil das Buch da=durch zur Benutzung beim Unterricht tauglicher wird, und weil ich dem Wunsche entsprechen wollte, den Hauptgang meiner Vorträge über die Culturgeschichte öffentlich bekannt zu machen.“ Die Rücksicht auf den Jugendunterricht steht zwar in entschiedenem Widerspruch mit jener Voraussetzung von Lesern, welche Niebuhr und andere gelehrte Werke aus dem Grunde kennen; aber die Lösung von Widersprüchen erwartet man nicht bloß hier vergebens.

Daß es mit der Kritik in diesem Werke schwach bestellt ist, daß ihr durchaus klare Principien fehlen, habe ich Ihnen schon in einem frühern Briefe gezeigt.

Wie verhält es sich nun mit den der Auffassung und Bearbeitung zu Grunde liegenden leitenden Gedanken? In der Einleitung sagt der Verfasser: „Wenn wir als den ersten Satz aller Geschichte, als Resultat aller Erfahrungen, durch Darstellung der Geschichte unseres Geschlechtes zu beweisen versuchen, daß es unter steten Revolutionen nach und nach sich weiter entwickelte, daß stets aus dem Tode das Leben, aus dem Verblühen des einen Theiles das Aufblühen eines anderen, aus jeder Verwesung eine Auferstehung hervorging, so ah=nen wir schon, daß dies der Gang der ganzen Natur sei, daß nicht bloß das menschliche Geschlecht, sondern die ganze irdische, belebte und unbelebte Natur, ja die Erde selbst sich auf diese Weise zum Voll=

kommneren entwickelt haben.“ Wenn es nun auch logischer gewesen
wäre, den Satz umzukehren, und von der Natur, wo dieses Erstehen
des Lebens aus dem Tode weit offener am Tage liegt, auf das Gleiche
in der Entwickelung des Menschengeschlechts zu schließen, bleibt er
doch ohne Zweifel wahr. Aber neu und originell ist er gewiß nicht.
Seit Herders Ideen, welche von dieser, wenn auch nicht gerade genau
so formulirten Ansicht durchdrungen sind, ist er Gemeingut geworden. Welch ein Aufheben macht aber wieder Herr Gervinus davon!
Schlosser habe, „da er in dem Flusse der Geschichte nichts als Bewegung, stete Veränderung, steten Wechsel . . . . gewahrte, aus der
Betrachtung dieser unermeßlichen Bewegung jenes Endergebniß ent-
nommen.“ Sollte man es glauben, daß ein Lobredner seinem Helden
als Verdienst anrechnet, er sei als Frucht vieler Betrachtungen zu
einer Erkenntniß gelangt, welche gewöhnliche Sterbliche mit der
allgemein verbreiteten geistigen Luftströmung einathmen?

Und was beweist denn ein so ganz allgemeiner Satz an der
Spitze eines universalhistorischen Werkes für die Erkenntniß der besonderen in der Entwickelung der einzelnen Völker liegenden Ideen?
Diese Ideen und die Mittel, die angewandt sind, sie zur Anschauung
zu bringen, sind es, nach denen wir fragen.

In den den politischen Begebenheiten gewidmeten Abschnitten
wird man gewiß nicht viel davon finden. So wie der Verfasser aus
der mythischen und halbmythischen Zeit heraus ist, treibt ihn die Hast
wieder zur raschen Häufung bloßer Thatsachen. Ich will gern an-
erkennen, daß in einigen Schilderungen von Zuständen Zusammen-
stellungen gegeben sind, wie sie noch nicht vorhanden waren. Aber
von ihnen läßt sich mit Grund sagen, daß sie sich wenig über „brauch-
bare Materialien und nützliche Notizen“ erheben.

Doch Herr Gervinus sagt es uns ja, worin die Ideen zum
Vorschein kommen. Eben in Dem, welches ihm ein so eminentes
Uebergewicht Schlossers über die Rankische Schule scheint, in der
„Heranziehung des offenst liegenden Theiles der Geschichte, der Lit-
teratur“, sieht er „die Beleuchtung der ideellen Antriebe in der Ge-
schichte“, und fügt hinzu: „In dem Gebrauche, den Schlosser von der

Litteratur zur Erhellung des Geistes der politischen Geschichte machte, hat er sein eigenstes bahnbrechendes Verdienst. Er hat dadurch nicht allein die Methode der Geschichtschreibung fruchtbar erweitert, sondern er ist auch wesentlich dadurch ein wahrer Volkshistoriker im besten Sinn geworden, nicht durch populäre Form und Darstellung, sondern durch seine Hinkehr auf den idealen Theil der Geschichte, auf die geistigen Strebungen im Volke."

Hierin also soll Schlosser „sein eigenstes b a h n b r e c h e n d e s Verdienst" haben? Sie trauen wol Ihren Augen kaum, mir ist es eben so ergangen, aber die Worte stehen wirklich so da. Sollte denn Herr Gervinus, wenn er sich erlaubt, den Lesern dergleichen aufzutischen, gar nicht an solche gedacht haben, die wenigstens vom Hörensagen wissen, daß die Methode, die Cultur und also auch die litterarische in die allgemeine Geschichte zu ziehen, eine damals schon ziemlich lange gebräuchliche war? Nicht an solche, die etwa einmal einen Blick in Voltaire's Jahrhundert Ludwigs XIV. gethan haben? Flüchtig und einseitig sind die Capitel über Litteratur und Kunst in diesem auch von Schlosser gelobten Buche allerdings, aber mit vielem Geschick so angelegt, daß sie das Gemälde von dem ganzen Zustande der hochgepriesenen Zeit abrunden, und zwar ohne damit, daß es geschehen ist, im geringsten zu prunken.

Für die alten Griechen hatte Schlosser einen Vorgänger an dem Engländer G i l l i e s, der in seiner 1786 erschienenen Geschichte dieses Volkes dem Zustande der Litteratur, der Philosophie, der schönen Künste besondere Abschnitte widmete. Diese Verbindung der Staats- und der Bildungsgeschichte, sagt er in der Vorrede, ist bei einem Volke nöthig, dessen intellectuelle Fortschritte ihm eine weit größere Bedeutung gegeben haben als seine politischen Thaten. — Was konnte auch näher liegen als dieser Gedanke? Und doch soll er Schlossers „eigenstes bahnbrechendes Verdienst" sein?

Wenn man die litterarischen Abschnitte beider Schriftsteller mit einander vergleicht, so ergibt sich sofort, auf wessen Seite das Uebergewicht der unmittelbaren Bekanntschaft mit den alten Autoren ist. Schlosser hat Alles aus seiner eigenen Lectüre derselben genommen, bei Gillies finden sich nicht viele Beweise eines solchen Studiums. Die Verachtung aber, mit welcher Herr Gervinus gelegentlich einmal von ihm spricht, verdient er nicht. Seine Litteraturbilder entsprechen dem mittlern Durchschnitt der damals herrschenden Urtheile, die Schlossers bleiben hinter dem unermeßlichen Fortschritte, den die höhere Philologie in Deutschland während der vierzig zwischen dem einen und dem anderen dieser Werke verflossenen Jahre gemacht hat, zurück.

Ich möchte wol wissen, ob Herr Gervinus, wenn er sich jemals die Mühe gegeben hat, diese Schlosserschen Schilderungen mit der eben so meisterhaft geschriebenen als gedachten Geschichte der griechischen Litteratur von Otfried Müller zu vergleichen, diesem nichts als das Verdienst, eine philologische Musivarbeit geliefert zu haben, zugesteht, wie Schlosser sie „an ihrem Orte" zu ehren so gefällig war.

Herr Gervinus kann dagegen nicht einwenden, diese Parallele sei unzulässig, da er ja selber eingestanden, Schlosser sei „auf diesem Gebiete der Litterargeschichte aller eigentlichen Fachwissenschaft ausgewichen." Denn eben dieses Ausweichen, diese Beschränkung auf die Abspiegelung sittlicher und staatlicher Meinungen in der Litteratur — auf die übrigens auch Müller die gebührende Rücksicht nimmt — sind, auch für die Absicht, ein allgemeines Culturbild aufzustellen, ein großer Mangel. Denn die Leistungen eines Volkes auf dem Gebiete der Kunst ganz als solcher, nach den in dieser selbst liegenden Gesetzen, bilden ein bedeutendes Element seiner allgemeinen Entwickelung.

Dreizehnter Brief.

Auf den idealen Theil der Geschichte soll, wie uns versichert wird, die universalhistorische Uebersicht des Alterthums gerichtet sein, und doch finden sich in ihr merkwürdige Beweise derselben Ideenscheu, die Schlosser in der Recension von Müllers Doriern unumwunden zeigte, von der ich Ihnen ein sprechendes Beispiel gab. Hier ist aus dem vorletzten Bande jenes Werkes ein noch frappanteres. Der Autor macht einmal wieder einen heftigen Ausfall gegen „die Befangenheit in den Ausdrücken und Vorstellungen der Schule, und den Nebel, in den man sich hüllt, wenn man ohne Rücksicht auf die ganze Mensch= heit bloß zu einer Partei reden will," und will als Probe von diesem Unwesen die Weise hinstellen, mit welcher man „die Despotie, die Aristokratie und Hierarchie des Mittelalters ästhetisch rechtfertigen" zu können meine. Und was gilt ihm für den Versuch einer solchen Rechtfertigung? Folgende Stelle aus Neanders Kirchengeschichte, die er wörtlich mittheilt: „Die ursprünglich christliche Denkweise mied den Gebrauch der Kunst für den Cultus als etwas Heidnisches. Dieser schroffe Gegensatz gegen die Kunst mußte natürlich aufhören, wie der Gegensatz gegen das immer ohnmächtiger werdende Heidenthum über= haupt mehr zurücktrat. Das Christenthum konnte und sollte seiner Natur nach ja auch die Kunst, wie alles rein Menschliche sich an= eignen, es reinigen, verklären und heiligen." — Diese unschuldigen Worte des redlichen Neander gibt Schlosser demnach für eine ästhetisch sein sollende Beschönigung der schlimmsten gegen die politische und religiöse Freiheit der Menschen gerichteten Absichten aus.

So seltsam verband sich in dem Kopfe des Mannes die nicht unbegründete Besorgniß vor den verderblichen Einflüssen willkürlicher und sophistischer Darstellungen, für welche er aber die Beweise an ganz anderen Orten hätte suchen müssen und finden können, mit dem heftigsten Widerwillen gegen jede Deutung von Erscheinungen auf

dem Gebiete der höheren Bildung aus dem Leben und der Entwicke=
lung der die Zeiten beherrschenden Ideen. — Ueberdies fügt Neander
sogar unmittelbar hinzu: „aber es drohte nun die Gefahr, daß das
Künstlerische zu sehr vorherrschend wurde zum Nachtheil des Religiös=
sittlichen, daß äußerlicher Glanz und Schmuck die einfache Herzens=
andacht unterdrückte, daß Sinnlichkeit und Einbildungskraft mehr als
Geist und Herz beschäftigt wurde" — Worte gewiß ganz im Schlosser=
schen Sinne, welche jede Möglichkeit einer Mißdeutung, jede Spur
eines Anlasses zu einer Anklage wegnehmen. Schlosser aber, der
treue und wahre, läßt sie weg und erwähnt ihrer mit keiner Sylbe,
ob absichtlich und in dem Gefühle, daß sie seine Verdächtigung auf=
heben, oder weil er sie in der Verblendung des Zornes übersehen hat,
muß man dahingestellt sein lassen. Was mögen seine Verehrer zur
Entschuldigung, ich will nicht einmal sagen Rechtfertigung, eines
solchen Verfahrens wol vorbringen?

Die Popularität, nach welcher er, in stetem innerm Kampfe mit
seiner schroffen Selbstgenügsamkeit, eifrig strebte, konnte er durch die
Geschichte des Alterthums nicht erreichen, weil das Werk dem Ge=
schmack und den Bedürfnissen keiner Leserclasse entsprach; durch die
Geschichte des achtzehnten und neunzehnten Jahrhunderts erwarb er
sie. Zwei Gründe wirkten hier neben einander. Der eine liegt darin,
daß er sich diesmal in der Behandlung des geschichtlichen Stoffes
einigermaßen nach Forderungen bequemte, welche er früher, als
stammten sie aus dem Wohlgefallen an leerem Schein, an Sophistik
und Lüge, eifrig scheltend verurtheilt hatte; der andere ist in einer sehr
natürlichen Stimmung der Zeit zu suchen. Es begann die Heraus=
gabe des Werkes einige Jahre nach der Pariser Revolution von 1830,
in einer Zeit, wo das deutsche Volk sich einmal wieder getäuscht sah
in der Erwartung, zu einem freieren Staatsleben zu gelangen. Die
Regierungen handelten, als ob die Erfahrung noch nie gemacht wäre,
daß der Geist des Umsturzes durch die Versagung billiger Forderungen,
durch Hemmung politischer Bestrebungen und Fesselung der Geister
nicht gebannt wird, sondern vielmehr gefördert. Unmuth, Groll und
Erbitterung nahmen zu im Kern der Nation, im Mittelstande. Diese

Stimmung fand in dem Werke Schlossers Nahrung und sog sie be=
gierig daraus ein. Mehrere darin gefällte Urtheile sind ungerecht und
übertrieben, die Gemälde der Verkommenheit und Verworfenheit des
großen Durchschnitts der vornehmen Stände streifen zuweilen an das
Zerrbild, enthalten aber in den meisten Fällen erschreckende Wahrheit.
Nur zu vielen Anlaß hatte der Verfasser, seiner angeborenen Neigung,
die Feder in Galle zu tauchen, freien Lauf zu lassen. Das Publicum
vernahm einen Ton, der ihm ungemein zusagte, weil es in ihm seine
Verurtheilung der öffentlichen Zustände gerechtfertigt fand. Gewiß
wird auch der Gelehrte seine Kenntnisse aus dem Buche hier und da
bereichern können, aber großen wissenschaftlichen Werth hat es nicht.
Die Einsicht in die innere Beschaffenheit der politischen Zustände nach
ihrem Zusammenhange mit der Vergangenheit und dem Heranreifen
der in ihnen liegenden Keime der Zukunft, die es gewährt, ist sehr
mangelhaft. Zu viel Gewicht wird auf die sittliche Verderbniß gelegt,
und zu wenig auf die Versäumniß, in den Staaten des europäischen
Festlandes an die Stelle der abgestorbenen störenden Formen eine
neue Entwickelung des staatlichen Lebens zu setzen.

Vierzehnter Brief.

Endlich komme ich heute noch auf ein Stück des Nekrologs, vor
dem ich von vorn herein die Segel streiche, weil er sich meiner und
der allermeisten anderen Menschen Beurtheilung gänzlich entzieht.
Herr Gervinus versichert, daß Schlosser „mehr zum Lehrer als zum
Schreiber geboren war, wiewol seine Rede an Ordnung und Schärfe
noch zurückblieb hinter seiner Schrift.“ Hier, in den Vorlesungen, in
dem geselligen Umgang des Lehrers mit den Schülern, welchen wir in

der Lobrede mit den reizendsten Farben geschildert finden, und vollends in dem engsten Kreise der Allervertrautesten, der eigentlichen Adepten, müssen Grundsätze, Erfahrungen, Urtheile, Bemerkungen mitgetheilt worden sein, welche man die esoterische Weisheit Schlossers wird nennen dürfen, im Gegensatz zu der exoterischen, in seinen gedruckten Werken enthaltenen. Und wenn man auf die von dem Apologeten gegebenen Fingerzeige merkt, muß in diesen Gesprächen manches Correctiv der exoterischen Aussprüche zu finden gewesen sein. Sehr gern vernimmt man das; gern glaubt man, daß die Urtheile über Zeitgenossen da milder lauteten, daß der Mensch Schlosser anderen Menschen gegenüber gerechter und gutmüthiger war, als der am einsamen Schreibtisch sitzende Historiker. Nur Schade, daß dies im Schlußurtheil über ihn nichts Erhebliches ändern kann. Denn die Nachwelt bildet sich ihr Urtheil über die Menschen aus ihren Thaten und nicht aus ihren Worten, und am wenigsten nach den Ueberlieferungen aus dem Munde begeisterter Schüler und Anhänger. Es sei denn, daß sich aus der Schüler Thaten und Werken, deren Beschaffenheit den mächtigen Einfluß eines unmittelbar Vorangegangenen als nothwendig voraussetzt, auf die Thaten und Werke des Meisters und somit auf die Richtigkeit der Tradition sicher zurückschließen läßt. Wenn ich von der Nachwelt spreche, so meine ich natürlich die besonnene, denn die unbesonnene gibt sich leicht Täuschungen hin, die man ihr denn auch zu bereiten pflegt. Am meisten wird die verständige Nachwelt sich bei den Schriftstellern gegen eine Tradition, die mit ihren der Offentlichkeit übergebenen Werken nicht übereinstimmt, skeptisch verhalten. Denn hier liegen die Thaten in den Worten; in den Worten ihrer Werke sind ihre wahren Thaten enthalten, wie ja auch Herr Gervinus selbst die Litteratur den „offenst liegenden Theil aller Geschichte" nennt. So sind denn auch Schlossers Bücher die Acten, in welchen die Thatsachen über die Frage, welcher Rang und welche Bedeutung ihm als Geschichtschreiber gebühren, zum Spruche reif enthalten sind. Man braucht nichts anderes, um seine Anschauung der Welt und des Verhältnisses der Historiographie zu ihr und zu den Forderungen der Wissenschaft und Kunst vollkommen kennen zu lernen.

Daß sich Herr Gervinus durch einen solchen in seinen großen
Preisgesang hineintönenden Mißlaut, wenn ja etwas davon zu seinen
Ohren bringen sollte, nicht stören lassen wird in seiner Begeisterung,
versteht sich von selbst. Je mehr er sich in das Esoterische verliert, je
mehr er als Adept spricht, je höher steigt sie. Die ganze Darstellung
nimmt jetzt einen dithyrambischen Schwung. Es ist, als ob man den
Schlußsatz einer großen Festsymphonie aufführen hörte. Immer lauter
rauschen die Instrumente, immer schneller wird das Zeitmaß, immer
kühner und überraschender werden die Harmonien. Die eigene Schö=
pfung hat den Componisten fortgerissen. So ist es hier dem Redner
geschehen. Was wird seinen trunkenen Blicken hier nicht Alles ent=
hüllt! Es gehen an ihm in Erfüllung die Worte des Propheten Joel:
„Eure Aeltesten sollen Träume haben, und eure Jünglinge sollen
Gesichte sehen.“ In diesen Visionen erblickt er in seinem Heros nicht
nur die Wiedergeburt des Geistes, der in Thucydides und Macchia=
velli gewaltet hat, sondern auch des Sokrates, und vornehmlich einen
Doppelgänger Dante's. Die Anschauungen und Ueberzeugungen,
welche die wesentliche und eigenthümliche Weisheit des Sokrates aus=
machen, und die er fortzupflanzen strebte, „sind Züge, die gradaus an
Schlossers Charakter, Stellung und Wirksamkeit erinnern. Wesentlich
gehört zur Vervollständigung der Vergleichung die seltsame Außenseite
des kostbaren inneren Wesens, die so oft die Genien kennzeichnet, die
in einer neuen geistigen Richtung der Zeiten bahnbrechend voraus=
gehen. ... Wer in das Allerheiligste vordrang, dem schloß sich das
Silenenbild auf, dem zeigten sich die Götterbilder, deren Schrein das
sonderbare Aeußere war.“ — „Die Aehnlichkeiten Dante's und
Schlossers, von Männern aus so entfernten Zeiten, in Richtung,
Geist und Charakter sind so auffallend und stark, daß sie wol selbst
auf Uebereinstimmungen der physischen Naturen beruhen möchten.
Man könnte in einzelnen Bildnissen von beiden selbst in den äußer=
lichen Gesichtszügen Aehnlichkeiten herausfinden. Die Charakteristiken
Dante's von Boccaccio und Villani lassen sich in den wesentlichsten
Beziehungen auf Schlosser geradezu übertragen.“

In dieser dreifachen Incarnation des Heroen erreicht der Hym=

uns einen wol von Niemand geahneten Gipfel. Entlassen wird un=
mittelbar darauf der staunende Hörerkreis mit folgenden die Größe
und Verdienste des Gepriesenen zuletzt noch von einer neuen Seite
zeigenden Schlußworten: „Ich habe das Gefühl, daß, wenn Jemand
nichts gethan hätte, als Einem Menschen das zu sein, was Schlosser
mir geworden ist, dieß allein ausreiche, einem Menschenleben den voll=
wichtigsten Werth zu verleihen.“

Wobei nur zu bedauern ist, daß Herr Gervinus sich nicht näher
erklärt hat, ob unter diesem Einen Menschen überhaupt ein Mensch
zu verstehen ist, oder ein Mensch wie er.

Funfzehnter Brief.

Sie glauben es meinen Briefen anzusehen, daß sie nicht ohne
Rücksicht auf den Druck geschrieben sind, und fragen, ob ich von der
Ausführung dieser Absicht eine Reform des herrschenden Urtheils über
Schlosser erwarte. Ich weiß nicht, liebster Freund, wie Sie dazu
kommen, mich für so eitel zu halten. Nein, auch einem weit Stärkeren
als ich würde es nicht gelingen, eine solche Strömung von ihrem Laufe
abzulenken. Ich weiß sehr wohl, daß weder eine irgend namhafte
Wirkung beim Publicum, noch eine genügende Antwort und Prüfung
durch die Stimmführer erfolgen wird. Man wird mich, wenn man
mich überhaupt der Beachtung würdigt, des Mangels an Pietät gegen
zwei so große Männer anklagen; man wird mir eher jeden anderen
Beweggrund zuschreiben als den rechten, das Interesse nämlich an
der Wahrheit; aber meine Gründe Punkt für Punkt durch Gegen=
gründe aus dem Felde schlagen, das wird man nicht.

Warum ich nun dennoch vorhabe, meine Meinung öffentlich zu

fagen? Weil ich mich wie den Beisitzer einer Gerichtsbehörde betrachte, der in einem wichtigen Rechtshandel die von einer großen Majorität beschlossene Entscheidung gegen seine Meinung ausfallen sieht, und einen Protest zu den Acten gibt. Denn da er die feste Ueberzeugung hegt, daß die Zukunft eine Revision des Processes und durch diese ein anderes Endurtheil bringen wird, ist es auch sein lebhafter Wunsch, daß die gerechteren Richter erfahren mögen, es habe auch in den Tagen des irrigen Spruchs der Wahrheit nicht an Vertretern gefehlt.

Die Geschichte der Wissenschaften und Künste ist voll von Beispielen, daß ihre Erzeugnisse erst von späteren Generationen im rechten Lichte betrachtet worden sind. Die Beurtheiler aus deren Mitte haben bald verkannte, nicht begriffene Erscheinungen verstehen und würdigen gelehrt, bald den Ruhm überschätzter eingeschränkt. Nicht selten ist es auch geschehen, daß, als Rückschlag eines überspannten Lobes, zuerst völlige Gleichgültigkeit eingetreten und dann erst die kaltblütige gerechte Würdigung erfolgt ist. Die Perioden des falschen Ruhmes und der unbegründeten Geringschätzung müssen abgelaufen sein, um der rechten Kritik Raum zu verschaffen. So wird auch die Anerkennung des Verdienstes, welches sich Schlosser um die historischen Studien in Deutschland wirklich erworben hat, in seinen rechten Grenzen, erst dann Statt finden, wenn die übertriebenen Vorstellungen von seiner Bedeutung als Historiker ihr Ende gefunden haben werden, und vor Allem der phantastische Versuch, ihn zu einem der ersten Genien aller Zeiten heraufzuschrauben, zu Boden gefallen sein wird.

Druck von J. B. Hirschfeld in Leipzig.